生産されるものが生産を行う知性そのものであれば、知性は自らの改善にとりかかれる。人工知能の未来図を描こうとするならば、

マレー・シャナハン

具体的なメカニズムを考えることを避けて通ることはできない。コンピュータ科学的な表現をすれば、仕様だけではなく、実装も

ドミニク・チェン監訳

考えなければならない。全脳エミュレーションは、汎用人工知能の開発への実行可能な一歩であるとともに、トランスヒューマニ

ズムのいくつかの流れの重要なゴールである精神のアップロードへの道としても持ち上げられている。全脳エミュレーションの作

業は、マッピング、シミュレーション、身体化という三段階に分けることができる。生体脳は適応の達人である。もしデータが実

THE TECHNOLOGICAL SINGULARITY

Murray Shanahan

世界に由来するものであれば、そのデータにはノイズが多く含まれるだろう。したがって、機械学習アルゴリズムは不確実性に対

シンギュラリティ

処できるものでなければならない。人間レベルの AI でさえ不可解なのであれば、あらゆる知的分野で人間と競合するのみならず、

人工知能から超知能へ

あらゆる領域で人間を出し抜くことができる超知能 AI を予測し、制御しようとわれわれは望むことなどできるのだろうか？生体脳

と違い、脳のデジタルなエミュレーションは任意に何回でもコピーできる。また、生体脳と違い、デジタル脳は加速できる。人工知

能の個体という概念はおそらく、不定形で環境に溶け込んだ人工知能という概念ほどは適切ではないと思われる。人間にとっては重

要極まりない自己認識の側面は、汎用人工知能にとっても必要な要素なのだろうか？だが、好ましくない挙動を絶対に発生させな

いような報酬関数を設計するのは極度に困難である。現在は単に私たちの購買意欲を操作するために使われている手法が、近い将

来には私たちがフォローするニュースサイト、信頼すべき言論、そして投票すべき政治家の選択までをもコントロールするために流

用されかねない。意識ある人間レベルの AI の見通しはさまざまな問題を提起するが、意識ある超知能の場合、その影響はさらに大

きいだろう。テクノロジーで拡張された人間にせよ、AI にせよ、このような生物的な不都合に直面したことがない存在は、人間の

NTT出版

苦痛を真に理解する能力に欠けるだろう。保守的な人間中心主義とポストヒューマン原理主義とのあいだに妥協点はあるのだろうか？

まえがき

人工知能研究に職業人生を捧げた他の大勢の人々と同様、私も子供の時分、サイエンス・フィクション（SF）に啓発された。私の少年時代のヒーローは実在の人物ではなく、アイザック・アシモフの『アイ・ロボット』（映画ではなく、小説のほう）に登場するロボット心理学の先駆的な科学者、スーザン・キャルヴィンだった。私は大人になったら、他の誰よりも彼女のようになりたかった。まがりなりにも大人になり、実生活では認知ロボット工学の教授の肩書きも持っている今、私とSFとの関係はより複雑になった。私にとって、SFは今でもインスピレーションの源であり、重要な哲学的概念を探るための素材でもある。しかし、SFが探求するアイデアに対してはより深い処理を行わなければいけない。知的な刺激を伴うとは言え、SFの第一目的は娯楽であり、思考のガイドに使うのは誤りだろう。

だから、本書はSF作品ではなく、いわゆる未来学を扱うものでもない。ここで目指すのは予言ではない。それよりも、特定の未来予想のシナリオに加担することなく、特定の時間軸を前提とすることもなく、未来におけるいくつかの可能なシナリオを検討するものだ。実際、かなりありえない、もしくは現実離れしたシナリオであっても、研究するに値する場合がある。例えば、あるシナリオが極端に悲惨な場合がそうだ。このような場合は、その可能性をさらに減らす算段を注意深く考えたいものだ。ありえない、もしくは現実離れしたシナリオであっても、種としての私たち人間が何をしたいのかということを考えさせるような哲学的問題を提起するものであれば、議論に値すると言える。というわけで、人間レベルの人工知能がもうすぐ実現するとか、特異点《シンギュラリティ》がすぐそこまで来ているとか、現時点で読者がどう思っているかは別として、このテーマそのものが真剣な検討に値する。

本書は大きなテーマを扱うわりには短い本であり、多くの重要な問題に少しずつしか触れていないので、それぞれのテーマへの入門でしかない。一例として、意識に関するさまざまな論点が紹介されているが、それらの論点に対してはよく知られた反論もあり、そのさらなる反論もありうる。しかし、入門書としてはこのような仔細な点はスキップせざるを得ない。また、本書は人工知能の未来にかなりの重きを置いており、そのため、ナノテクノロジーやバイオテクノロジーのような重要な関連トピックにはわずかにしか触れていない。本書はさまざまな概念の地図の中立的な概観を提供するものなので、筆者としては賛否両論のテーマについては双方の議論の輪郭を示すように努めた。それでも、この最大限の努力にもかかわらず、私の個人的見解の一部が中立のヴェールを通り越して表れてしまうのは避けられないだろう。

学者や学生のみならず、私の講演などに参加してくださった一般の方も含め、この数十年間私と人工知能について議論した多くの方々に感謝を申し上げたい。全員の名前を挙げて謝意を述べるのは不可能なので、特に最近、本書の内容とも密接に関係する示唆を受けた数名の同僚に感謝の気持ちを表したい。スチュアート・アームストロング、ニック・ボストロム、アンドリュー・デイヴィソン、ダニエル・デューイ、ランダル・コーン、リチャード・ニューコム、オーウェン・ホランド、ヒュー・プライス、スチュアート・ラッセル、アンダース・サンドバーグ、ヤーン・タリンの各氏に、ありがとう。ここに名前が漏れた人がいれば、平にご容赦を乞いたい。そして、ＭＩＴプレスのボブ・プライアーに、そもそもこの本を書くように勧めてくれたことに感謝する。

二〇一四年一〇月、北ノーフォークと南ケンジントンにて

マレー・シャナハン

これらの指摘は一部の読者には荒唐無稽に映るかもしれないが、筆者にとってはたいへん現実的かつ差し迫ったものであり、ＳＦの世界から切り離して強調するに値すると思われる。

——Ｉ・Ｊ・グッド『最初の超知能機械に関する推論』（一九六五）

本当の動機の問題。ＡＩだからな。人間じゃないからさ。

——ウィリアム・ギブスン『ニューロマンサー』
（黒丸尚訳、早川書房、一九八四）

シンギュラリティ——人工知能から超知能へ　目次

第7章 天国か地獄か……193

シンギュラリティ——人工知能から超知能へ

序章

近年の技術の加速的進歩により、人類の歴史がある「特異点」に近づいているという説は、SFの領域から真剣な議論の段階に移ってきている。物理学において特異点というのは、ブラックホールの中心もしくはビッグバンの瞬間のような空間か時間の一点であり、そこでは数学の常識とわれわれの理解力が共に崩れ落ちる。そこからの類推で、人類史においての特異点とは、われわれが今日理解しているような人類のあり方が終わりを告げるほどの劇的変化が、技術の指数関数的進歩によってもたらされることを指す。[★1] そうなると、経済、政府、法律、国家など、われわれが当たり前だと思ってきた諸々の制度は今の形では生き残れないだろう。生命の神聖さ、幸福の追求、選択の自由などの最も基本的な人間の価値は更新されるだろう。個人であること、生きること、意識すること、社会の一員であることなど、人間であるということに対してわれわれが理解していることはすべて、超然とした哲学的思考からではなく、現実に起こる状況によって再定義を強いられるだろう。

どのような技術進歩がこのような激変をもたらしうるのだろうか？　本書において検討される仮説によれば、このような技術的特異点は、人工知能とニューロテクノロジーの二つの関連しあう分野のいずれか、または双方の著しい進歩によって加速される。われわれはすでに、遺伝子やＤＮＡを用いて、生命の仕組みをいじくり回す術を知っている。バイオテクノロジーの波及効果は確かに大きいが、それでも、「心の仕組み」を操作することをわれわれが学習したときに予想される影響には及ばないだろう。

今日、人間の知性は事実上固定されており、この固定化が技術進歩の規模と速度を制限している。確かに、人間の知識の蓄積は過去数千年のあいだで増加しており、そして、文字、印刷技術、インターネットのおかげで、その知識を広めるわれわれの能力もまた増大している。だが、その知識を生む器官であるホモ・サピエンスの脳はその間、基本的に変わっておらず、その認知能力もまた競争にさらされていない。

しかし、人工知能とニューロテクノロジーがその目標を果たせば、この状態は変わるだろう。知性が、テクノロジーの生産者を意味する以上にテクノロジーの産物ともなれば、予測しがたい爆発的な結果をもたらしうるフィードバックサイクルが生まれる。なぜなら、生産されるものが生産を行う知性そのものであれば、知性は自らの改善にとりかかれるからだ。そこからまもなく、特異点仮説に従えば、一般的な人間は、人工知能機械や認知能

生産されるものが
生産を行う知性そのものであれば、
知性は自らの改善にとりかかれる。

力を拡張された生物的知性に追い越され、もはや追随することすらできなくなり、進化する知性のループから脱落することになる。

はたして特異点仮説は真面目に捉えるべきことなのか、それとも想像力に富むフィクションにすぎないのか？　真面目な議論の一つはレイ・カーツワイルが「**収穫加速法則**」と呼ぶものに基づくものだ。ある技術が改良される速度がその技術の質に比例すれば、その技術は「収穫加速法則」に当てはまるというものである。言い換えれば、ある技術の質が高ければ高いほど、その質が向上する速度がさらに速まり、しまいには指数関数的な改善が生み出されるという。

この現象の顕著な例の一つに、一つのチップに埋め込まれるトランジスタの数が約一八カ月ごとに倍増するという「ムーアの法則」★2がある。驚くべきことに、半導体産業は何十年間にもわたってこのムーアの法則に従ってきた。この他にも、CPUのクロック速度やネットワーク帯域幅といった情報技術の進歩の指標も同じような指数曲線を辿ってきた。加速的進歩は何も情報技術分野に限ったものではない。医学では、例えば、DNAシークエンシング［塩基配列決定法］のコストが指数関数的に下がった一方、そのスピードは逆に指数関数的に上がったし、脳スキャン技術の解像度も指数関数的に向上した。★3

歴史的な時間尺度で見ても、このような加速傾向は、次から次へと確立される画期的な技術の数々にも見てとることができる。例えば農業、印刷、電力、コンピュータなどといったものだ。さらに長い進化の時間尺度で見ると、これらの技術そのものも、真核生物、脊椎動物、霊長類、ホモ・サピエンスという、やはり縮まる一方の時間間隔で起こった一連の進化における転換点に続くものだったと言える。これらの事実から、一部の識者は、人類を、遠い過去にまでさかのぼる、劇的に複雑さを増す曲線に乗って進む存在として見ている。それが本当だとしたら、この曲線の技術部分をほんの少しだけ未来に当てはめてみれば、人類の技術力によって一般的な人間が技術的に時代遅れにされてしまうような重要な転換点に達することは想像に難くない。★4

もちろん物理法則に従えば、どの指数関数的な技術発展もいずれは横ばいにならなければならないし、指数関数的な傾向が理論的限界に達する前に失速することを説明する経済的、政治的または科学的理由はいくらでもある。しかし、ここでは人工知能とニューロテクノロジーに最も密接している技術的な動向がその加速の勢いを維持し、心の仕組みを作る能力を早め、知能の構造そのものを合成したり、操作したりするようになると仮定しよう。今のところ、人工のものでも人間のものでも、知能そのものは収穫加速法則の対象であり、そこから技術的特異点に到達するまでにはほんの少しの思い切りがあれば充分だろう。

この分岐点は二一世紀の半ばに起こるだろうと自信たっぷりに予言する識者もいる。しかし、しょせんは一発勝負にすぎない予言に興じるのではなく、特異点の問題を考え抜かなければならない理由がある。まず、いつ実現するか、そもそも実現するかどうかは別として、特異点の概念そのものは知的な意味でかなり興味深いものだ。次に、どんなに現実離れに見えようとも、この可能性自体は今日、純粋に実用的に、厳密に合理的に議論されるに値する。たとえ未来学者たちの論点に不備があっても、予想される出来事の公算を少しだけ大きく見積もるだけで、われわれは最も真摯な注意を注がなければならなくなる。なぜなら、技術的特異点が本当に起こるのであれば、人類にとってその結果は地殻変動に相当するほど計り知れないものとなるだろうからだ。

それほど甚大な結果とはどういうものだろうか？　技術的特異点が実際に起こるとしたら、どのような世界、どのような宇宙が待ち構えているのだろうか？　われわれは特異点を恐れるべきなのか、それとも歓迎すべきなのか？　最良の結果を確実にするために、今、もしくは近い将来に、なすべきことはあるのだろうか？　これらは以下の各章で検討される諸問題の主だったものである。どれも大きな問題だ。しかし、特異点の見通しやその概念を考えることだけでも、おそらくはもっと大きな古来の哲学問題にも光を当てることになるだろう。人間性の本質とは何だろうか？　われわれの最も基本的な価値とは何か？　われわれはどう生きるべきか？　この中で、われわれはどんな価値を諦めなければいけないのか？　というのも、技術的特異点の可能性はわれわれの実存の危機と好機の両方をもたらすからだ。

実存の危機とは、種としての人類の生存を脅かしうることを意味している。誇張に聞こえるかもしれないが、今日のさまざまな新興技術はかつて見たことがないほどの影響力を持っている。例えば、高い伝染力と薬物抵抗力、そして充分な罹患率を持つウィルスが遺伝子操作によって製造されれば、巨大な災害がもたらされることは想像に難くない。そのようなものを意図的に作ろうとするのは狂人だけだろう。しかし、怪物に変異しうるウィルスを作り出すには少しだけの愚かさがあれば充分だろう。先端的な人工知能が人間にとっての実存の危機となる理由はこのケースに類似するが、実際ははるかに微妙な状況となる。このことについては後でしかるべき検討を加えることにしよう。それまでは、どこかの企業、政府、組織、または個人が、指数関数的に自己改善し、かつ資源に飢えるような人工知能を作り出してから、その制御を失ってしまうというような未来の可能性を考えるほうが合理的だろうとだけ述べておこう。

翻って、より楽観的な見方をとるとすれば、技術的特異点は、「実存」という言葉のより哲学的な意味において、実存の好機とも見ることができる。心の仕組みを作る能力は、われわれの生物学的な遺産を超越し、それに付随する制限を克服する可能性をも開くことになる。その制限の最たるものは死である。動物の身体は脆弱なもので、病気、損傷、腐敗などに弱く、（今日の）人間の意識が依存している生体脳もしょせんその一部にすぎない。しかし、もしいかなる損傷をも修復できて、最終的に、おそらくは非生物的な基質を用いて、生物的な実存をゼロから再構築する手段を獲得すれば、意識の無限の拡張を阻むものは何もなくなる。

寿命の延長はトランスヒューマニズム［transhumanism（トランス：超越、ヒューマン：人類）、超人間論］という思想の一側面である。人類生命が現在の状態に満足しなければならない理由はどこにあるのだろうか？　脳の再構築ができれば、これを再設計し、またはアップグレードできない理由などないのではないか？（同じ問いは人間の身体についても言えるが、われわれの関心の対象はとりあえず知性である。）　記憶、学習、注意力などを改良する古典的な方法としては薬学がある。しかし、脳を全体的に再構築することができれば、より根本的な認知能力の拡張や再構成の可能性が浮き上がってくる。このような変化の力にわれわれはどう対処しうるのか、またはどうすればいいのか？　少なくとも、これは超知能機械がもたらす実存の危機を軽減してくれることになるかもしれないという考え方もある。つまり、われわれが［超知能の自己改善のスピードに］ついていけるようになるという説だが、同時にその過程において、人間はおそらく変わり果ててしまうだろう。

テクノロジーの特異点が実存の好機となりえる最も広範で、かつ最も挑戦的な意味を把握するためには、人間的視点を捨て、より宇宙論的な視座をとらなければならないだろう。地球という宇宙の片隅での物質的な物語が、人間社会とそこに埋め込まれている無数の生きた脳（それらがどんなに素晴らしいものであったとしても）をもって頂点に達したとするのは、人間中心主義的な発想の最たるものだろう。もしかしたら物質の複雑さのスケールにはまだまだ長い道のりがあるのかもしれない。ある意味でわれわれより優れた意識の形態がこれから現れるかもしれない。われわれはこの展望を前にしてひるむべきなのか、それとも歓迎すべきなのだろうか？　そもそも、われわれはこのような存在を理解できるのだろうか？　特異点が間近に来ているかどうかは別として、これらの設問は考えるに値する。少なくとも、回答を試みることによって、われわれ自身やこの世界におけるわれわれの位置づけに対して新たな光を当てることになるのだから。

第1章 人工知能への複数の道

1・1 汎用人工知能

一九五〇年に、戦時中の暗号解読者であり、コンピュータのパイオニアでもあるアラン・チューリングは、『Mind』誌に「計算する機械と知性」★1と題する論文を発表した。人工知能の概念を真剣に、学術的に取り扱った最初の例である。チューリングは、二〇〇〇年には人々は「矛盾せずに思考することのできる機械について語る」だろうと予言した。彼は、機械はいずれ、**チューリング・テスト**として知られるようになる試験に合格すると予想していた。

チューリング・テストは一種のゲームからなり、人間と機械の二人のプレイヤーがキーボードとスクリーンを使って、「ジャッジ」という第三の人間とコミュニケーションを行う。

ジャッジはそれぞれのプレイヤーと順番に会話し、どっちが人間で、どっちが機械なのかを当てようとする。機械に与えられた役目は自分が人間だとジャッジに信じ込ませることだが、これには人間並みの知能が必要だろうと言われている。もしジャッジがどちらが人間で、どちらが機械かがわからなければ、機械がテストに合格したことになる。この論文が書かれた一九五〇年においてすでに、チューリングはこのテストに合格する機械がありふれた存在になっている世界、「考える機械」が家や職場に溶け込んでいる世界を予想していた。

チューリングの予想に反して、二〇〇〇年になっても人間並みの人工知能はまだ陽の目を見ず、すぐそこまで来ている兆しもなかった。チューリング・テストに合格しそうな機械もなかった。とはいえ、人工知能の一つの大きな成果が達成されていた。一九九七年に、IBMが開発したディープ・ブルーというコンピュータが当時のチェスの世界チャンピオンであるガルリ・カスパロフを負かしたのだ。カスパロフは、彼が以前に負かしたことのあるさまざまなチェス・プログラムは予想可能で機械的だと感じていたが、ディープ・ブルーと対戦したときにはチェス盤の向こうにある「異質な知性」の存在を感じたという。★2

今から過去に一歩戻って、人工知能の歴史におけるこの瞬間を吟味することは決して無駄ではない。半世紀前であれば、この分野において最高の栄誉とみなされたであろう功績がまさに達成されたのだ。人類は機械に追い越された。もちろん自動車は人間最強のスプリンターより速く走れるし、クレーンは重量挙げのチャンピオンよりはるかに重いものを持ち上げられる。しかし、知的能力は人間と他の動物とを区別するものであり、そしてチェスは典型的な知的娯楽である。

コンピュータ・チェスは勝利した。それでも、チューリングの時代に比べ、われわれは人間並みの人工知能に近づいてさえいないようだった。なぜだろう？　ディープ・ブルーの問題は、それがチェスしかできない専門家であるということだった。典型的な人間の大人と比べてみればいい。例えば、私が今ラップトップを持って座っているこの喫茶店の前を通りかかった事務員の場合。彼女の過ごした一日はおそらく忙しい活動のパッチワークのようなものだったに違いない。弁当を作ったり、子供たちの宿題をみてやったり、車で通勤したり、メールを書いたり、コピー機を直したり、など。詳しく見ると、それぞれの活動は複数の感覚運動能力を必要とする。弁当を作ることだけを見てみよう。この作業は、さまざまな場所から食器や食材をとってきたり、包装を開けたり、ものを切ったり、叩いたり、広げたり、といった行動を要する。

要するに、人間は博学で万能型なのであり、何でも屋なのだ。人間のチェスのチャンピオンはチェスの他にもいろいろなことができる。そのうえ、人間は適応性を持っている。コピー機を直せるのは先天的能力ではなく、学習して得たものだ。さきほどの事務員も他の世紀や他の文化で生まれていれば、おそらく全く別の技量の数々を獲得していただろう。

そして、彼女が不幸にも今の仕事を失っても、再訓練して新しい仕事につくこともできる。人工知能研究がいくつもの専門分野で成し遂げた業績（チェスはたくさんあるサクセスストーリーの一つにすぎない）は、この研究が適応知性を持った汎用機械を作り出せていないという失敗と対照的である。それでは、**汎用人工知能**はどうすれば作れるのか？　機械の超知能について本質的な議論を始める前に、まずこの質問に答えなければならない。★3

生物的知能の主な特徴の一つは**身体化**である。ディープ・ブルーと違い、人間は身体を持つ動物であり、脳もその身体の一部を成している。動物の脳は、その身体を快適に維持し、その身体が持つ遺伝子を永続させるために進化してきた。身体は移動を可能にする筋肉、そして感覚をあわせもつことで、その動作を環境の状態に適合させて、目的の達成を最適な形で補助する。脳はこの感覚運動のループの中心に位置し、動物の知覚に応じた行動を形づくる。人間の知能は、それ自体が素晴らしい達成だとしても、基本的には動物の知能の延長であり、人間の言語、理性、創造性といった能力も感覚運動の基盤に基づいている。

だから、汎用人工知能を作る努力が、代謝や生殖のような生物生命に不可欠なものの大半を排して行われるとしても、やはり身体化は方法論上必要なのかもしれない。おそらく知性は根底において、生物も無生物も含めて、多様に複雑なものが入り交じった乱雑でダイナミックな物理的環境と関わる必要があるのだろう。この意味ではチューリング・テストは、言語しか関わっていないため、良い評価基準ではない。人工物の知能を正しく判断する唯一の方法は、われわれと同じ環境でその行動を観察することである。この考えに沿えば、人間並みの人工知能を達成する唯一の方法はロボット工学以外にないことになる。後にこの身体化の原則への挑戦について検討するが、とりあえずはこの考えを採用しておこう。ここで、先の基本的な設問を次のように変えてみよう。どうすればロボットに汎用的な知能を与えることができるか？　と。

もしかしたら、汎用知能は単にたくさんの専門的な感覚運動能力の和であり、問題は人工知能がまだそれらを充分複製していないにすぎないのかもしれない。ロボットにある閾値を超える技量を与えれば、汎用知能がどういうわけか生じるのだろうか。まあ、付随する多くの技術的問題をなんとかごまかしたとしても、この提案はやはり納得できるものではない。このようなアプローチから生まれるものは一時的に汎用知能の見かけを持つかもしれないが、そう長くはごまかせないだろう。今日の変わりつつある世界では避けられそうにないことだが、このような複合的な専門家はその専門分野外の問題に出合った途端に動けなくなるだろう。

もしかしたら、学習能力があればこのギャップを埋めるのに充分かもしれない。不慣れの状況において、新しい専門技量を学べるのかもしれない。確かに、技量のレパートリーを構築し、維持するために学習能力は必要だ。実際、すべての知能の背景にはさまざまな形の学習がある。とはいえ、学習は時間がかかるし、リスクも伴う。適切に汎用的な知能を保証するのは、既存の行動レパートリーを新しい課題に適応させる能力であり、かつ試行錯誤や第三者による訓練を経ずにそれを成し遂げることだ。

1・2 常識と創造性

そこで、専門化による限界を克服して、機械に適切に汎用的な知能を与えるにはどうすればいいのだろうか。おそらく、このような機械に真っ先に必要とされるのは**常識**と**創造性**だろう。この場合の常識とは、物理的・社会的環境を中心に、日常的な世界の作動原則への理解を示すことを意味している。例えば、何かの周りを回って進めば出発点に戻るという理解は、このような原則の一つだ。今来た道を戻っていけば同じ目印に出会うが、逆の順を辿ることになるというのも同様の原則である。このような原則が役立つのは、その適用が普遍的かつ再利用できるものであり、狭い分野に限られたものではないからだ。

常識の原則をマスターすると何が起こるか? この問題に答えるために、仕組みについて語る必要は全くない。特に、熟達とはその原則の言語的な内部表現［意識的言語化］を必要とするものだと決めつける理由も存在しない。むしろ、それは行動の中で明らかになるだろう。あるいはむしろ、常識の一側面が欠如していることが行動に現れるのだとも言える。一例として、著者の家の裏に住んでいる雄鶏は門を飛び越えて、囲いを抜け出すのが好きだ。しかし、長くはほっつき歩かずに、すぐに雌鶏のところに戻ろうとする。その際、また門を飛び越えればすむことなのに、そのことは全く思いつかずに、門の前を心配そうに行ったり来たりする。どうやら、彼にはある種の行動は可逆であるという常識の原則が欠けているようだ。

このような理解力の盲点が行動に現れない限り、その動物には常識があると言える。もちろんこの説は、他の動物と同様、社会の領域に広がって、人間にも当てはまる。特に、日常世界に対する共通認識は言語の核心である。例えばあなたが職場に行ったら、同僚たちが雨の中で建物の外に立っているのを見かけるとしよう。「何してるの?」と近くの同僚に訊ねる。もし彼女が事実どおりに「雨の中に立っています」と答えたら、あなたはおかしいと思うだろう。その代わり、彼女は「火災警報よ」と答えて、情報への人間的欲求、そしてその情報を得るための会話の役割に対する常識的な理解を見せるだろう。

汎用知能の二つ目の要件は創造性である。ここで言う創造性とは偉大な芸術家や作曲家や数学者のそれではなく、すべての人間に備わり、特に子供たちによく見られるものだ。それは、現状を革新したり、独創的な行動を作り出したり、新しいものを発明したり、または古いものの新しい使い方を考え出す能力である。子供が即興で踊るときのように、それは探ったり、遊んだりしているうちに発現する場合がある。また、庭のレイアウトを計画したり、家計の支出を減らす算段をしたりするときなど、より目標指向型である場合もある。このような小さな創造行為は人類の壮大な営みから見れば革新的と呼ぶには程遠いだろうが、しかし、それぞれのケースにおいて、当事者は自分の既存の行動レパートリーを超えて、そのレパートリーの要素を再構築したり、かつて試したことがない組み合わせで整理しなければならない。

創造性と常識は相互補完的である。創造性は新しい行動の創出を可能にしてくれるが、こうして生み出される行動の結果を予測するには日常世界への常識的理解が必要だ。一方で、（あくまでここで言う意味での）常識のない創造性は、暗闇の中でもがくことにほかならない。他方では、創造性のない常識は融通が利かない。しかし、両方を発揮できる知性は強力である。不慣れな課題に直面すると、このような知性は、筋肉またはモーターを動かす前に、その創造性を用いていくつもの可能な行動パターンを検討し、それぞれの行動の効果への常識的理解力で可能な結果を予測するのだ。

自然発生的な革新として観察できる好例は二〇〇二年に、動物認知研究者のアレックス・カセルニクが率いるオックスフォード大学の科学者チームによって報告された。[★4] 彼らは、餌の入った小さなバケツと高い筒からなる実験装置を使って、捕獲された（特に賢い種として知られる）カレドニアガラスが道具を使用する例を研究した。鳥たちに試練を与えるために、バケツは、取っ手にギリギリ届かないように筒の中に下ろされた。鳥たちには曲げられたワイヤーが与えられ、彼らはすぐそれをフックとして使って餌の入ったバケツを釣り出すことを覚えた。ところが、あるとき、フックのない真っすぐなワイヤーが一本だけ鳥の囲いの中に置かれた。全く何の訓練もなしに、ベッティと名づけられた一羽のカラスはそのワイヤーの一端を装置の穴に入れ、フックになるように曲げてから、それを使って再び餌を釣り出した。

ベッティの行動はまさに創造性と常識の混合だった。一本の役に立たないはずのワイヤーを曲げるというアイデアを発想するために創造性が必要だった他に、その結果を予測するためには、曲げやすい材料に対する常識的な理解力もなくてはならなかった。このような認知上の成分が人間以外の動物においてさえこれほど驚くべき結果を生むとすれば、言語を駆使する人間だったらどれほど大きなメリットをもたらすだろうか。同級生に独創的な罵声を浴びせた小学生は、言語的な創造性と人間心理に対する常識的理解力とを組み合わせることができたことになる（このような罵声を先生に投げかけてはいけないという常識に欠けているとしても）。これは些細な例にすぎない。しかし、ピラミッド建設から月着陸にいたるまで、およそ人間のあらゆる成果はこのような発明が無数に積み重なってできた産物である。人間並みの汎用人工知能がこのような特技を発揮するためには、同様に常識と創造性を混合できなくてはならない。

1・3 人工知能の可能性の空間

ここまでの議論を踏まえれば、必要なのはちょっとした創造性とちょっとした常識だけ——のように思える。汎用人工知能の条件がこれほどはっきりしているのであれば、この分野の最初の六〇年間の研究でなぜこれほど進歩が少なかったのだろうか？ ここまで成功していないことから考えると、人間並みの人工知能が実現できると考えることができる理由ははたして存在するのだろうか？ また、人間レベルの人工知能を作るのがこれほど難しいなら、超人工知能に考えをめぐらすことにはたして意味があるだろうか？ ここまで、汎用知能の**行動**上の特徴を検討してきたが、生体脳か人工物かを問わず、その知能を実現する**メカニズム**に触れることを避けてきた。しかし、これらの問題に取り組む前に、この欠如を解決しなければならない。人工知能の未来図を描こうとするならば、具体的なメカニズムを考えることを避けて通ることはできない。コンピュータ科学的な表現をすれば、仕様だけではなく、実装も考えなければならない。

コンピュータ科学の常識では、一つの仕様はさまざまな方法で実装できる。これはわれわれの仕事を難しくしている。なぜなら、単一の製品を作れば済むソフトウェア会社と違い、われわれとしては、**人工知能の可能性の空間**すべてに関する考えを確立したいからだ。さらに言えば、おそらく近い未来において、何らかの革新的技術が開発され、われわれが

人工知能の未来図を描こうとするならば、
具体的なメカニズムを考えることを
避けて通ることはできない。
コンピュータ科学的な表現をすれば、
仕様だけではなく、
実装も考えなければならない。

今日ほとんど想像もできないような汎用人工知能の制作を可能にするだろう。それでも、われわれには現在の人工知能研究のさまざまな流派からスタートし、そこから推定を試みる以外にあまり選択肢がない。

人工知能の可能性の空間を有益に分類しうる基軸の一つは生物学的な忠実性だ。人工知能の動作はどこまで生体脳のそれを模倣できるか？　一方では、生物学的知能を支配するものとはかなり異なる原則に基づいて、ゼロから作られた人工知能が考えられる。他方では、生体脳の物理的なディテールをかなり高いレベルまでコピーしたニューラルネットワークに基づく機械がある。人工知能の開発史を通じて、この二つの極の中間に、それぞれ成果をあげてきた多様な流派が存在している。一つ一つの流派の人気は上がったり下がったりしてきたが、どれも覇権を握っていない一方で、それぞれに有利な根拠も存在する。

例えば、動力式飛行の開発史を用いるお決まりの類比では、第一世代の機械、つまりゼロから作られる人工知能を飛行機に喩える。空飛ぶ機械の初期のデザインの中には、鳥をまねた羽ばたく翼が含まれている。しかし、このアプローチは失敗に終わった。大きくて重い人工物を宙に浮かばせる最良の方法は結局、固定翼とプロペラだった。だから、この類比に従えば、人工知能は、自然の模倣を試みながら進むべきではなく、むしろシリコンをベースとした計算に合った斬新な工学的原則を考案して進むべきだ、という主張になる。

全脳エミュレーションは、
汎用人工知能の開発への
実行可能な一歩であるとともに、
トランスヒューマニズムのいくつかの流れの
重要なゴールである**精神のアップロード**への道
としても持ち上げられている。

この立場に反対する者は（この類比の疑わしい点を指摘した後に）生体脳は汎用知能の唯一の模範であると反論するだろう。汎用知能を神経基質に実装できることはわかっている。この基質を人工的に複製できる限り、成功は確信できる。実際、この最も極端で力ずくに見える生物学的アプローチは、かなり保守的な科学的・テクノロジー的前提に従っても、ほぼ成功を約束されている、と。

人工知能のゼロからの構築についてはいろいろ言えることがあるが、われわれはやがてこのテーマに戻るだろう。当面、われわれの関心の対象は、**全脳エミュレーション**という生物学から着想を得た力ずくのアプローチとなる。[★5] 全脳エミュレーションは、汎用人工知能の開発への実行可能な一歩であるとともに、トランスヒューマニズムのいくつかの流れの重要なゴールである**精神のアップロード**への道としても持ち上げられている。最後に、全脳エミュレーションの概念そのものは哲学的な思考実験としても有用である。この概念は、本書のテーマに密接に関連する人工知能の概念そのものや**機械の意識**、または個人のアイデンティティに関連する一連の強力な哲学的主張の基礎を成すからだ。

第2章 全脳エミュレーション

2・1 脳をコピーする

全脳エミュレーション［移し替え］とは正確に何だろうか。一言で言えば、非生物学的（つまり、計算的）な基質の上に、特定の脳の忠実で実用的なコピー（複数の場合もある）を作ることだ。詳しく理解するには、神経科学の基本知識が少々必要である。脊椎動物の脳は、動物の身体の他のすべての器官と同様、多数の細胞から成る。これらの細胞の多くは、それぞれ高度な信号処理ができる驚くべき電気装置である**ニューロン**だ。ニューロンは（ソーマと呼ばれる）一つの細胞体、一つの**軸索**と一群の**樹状突起**からなる。おおざっぱに言えば、樹状突起はニューロンの入力部で、軸索はその出力部であり、ソーマは信号処理を行うものだと考えられている。

ニューロン同士は密に相互接続し、複雑なネットワークを形成している。軸索も樹状突起も樹木に似て、たくさんの枝を広げ、他のニューロンの軸索と樹状突起と絡み合っている。一つのニューロンの軸索（出力部）が別のニューロンの樹状突起（入力部）に近接する場所で**シナプス**が形成される。化学物質の複雑なやりとりにより、シナプスは信号がニューロン間を飛び交うのを可能にし、このことによりニューロン同士のコミュニケーションが成立する。人間の脳には八〇〇億以上という驚くほど大量のニューロンがあるが、ニューロンは動物の**中枢**神経系や脳または脊髄に限定されているわけではない。**末梢**神経系もニューロンからなり、これらのニューロンは身体（皮膚、目、胃、など）から脳へ感覚信号を送る一方、脳から脊髄経由で出された運動信号を、筋肉、腺など身体の各部へ運ぶ。

脳内活動は電気活動と化学活動の相互作用の結果である。特に、あるニューロンの行動は、ドーパミンやセロトニンのような**神経伝達物質**の存在によって調節される。これらの化学物質は、専用のニューロンが作り出すもので、長く、多方面に広がる軸索投射によって脳の中にくまなく拡散される。またほとんどの向精神薬の作用と同様に、神経調節物質は血液によっても運ばれる。

脳はニューロンだけでできているわけではない。血液を各部位に運ぶ血管系は、電気信号を発するのに必要なエネルギーを提供している。また、いわゆるグリア細胞を大量に含んでいる。かつては、グリア細胞はニューロン、軸索、樹状突起などを固定して保持するための一種の糊にすぎないと思われていた。しかしどうやら、ニューロンよりは遅い時間尺度ではありながら、それなりの信号伝達機能を果たしているようである。

個別のニューロンの信号伝達機能についてはおおよそ理解されている。その詳細は複雑だ。簡潔に言えば、各ニューロンはその樹状入力部に信号を加算（統合）し、信号の合計がある閾値に達すると、パルスまたは**スパイク**（発火）をその軸索沿いに放出する。この過程の詳細な説明はすでに一九五〇年代に、アラン・ホジキンとアンドリュー・ハクスリーが数学モデルを作り上げてノーベル生理学・医学賞を受賞してからよく知られるようになった。

脳の主要な性質の一つはその**可塑性**である。その成長過程で、誕生前の脳または幼児の脳は劇的な再配置を経験する。軸索や樹状突起は植物の根っこのように伸び、新しい接続を築いたり、余分なものを捨てたりして（神経のレベルでは）長大な距離を手探りで進んでいく。加えて、動物の一生を通じて、構築された神経回路は常時その［統合の］強度が変化し、学習や記憶を促す。このような可塑的プロセスを説明する秀逸な数学モデルも存在する。

明らかに、この短い概要は脳についてわれわれが知っている範囲の表面さえもかすっていないが、同時に、われわれが知っている範囲も知るべき総体の表面をほんのわずかしか触れることができていない。しかし、脳内の仕組みへの理解が急速に進むにつれて、次の仮説がますます有力になり、実用面と哲学面それぞれにおいて非常に有意義な帰結をもたらそうとしている。その仮説とは、人間の行動は、入ってくる感覚信号と出ていく運動信号を調整する脳の物理的プロセスによって決まるというものだ。

もちろん、人間の行動を理解するには、物理的および社会的環境と相互作用する身体を持つ動物の文脈で考えなければならない。そうでなければ、脳内活動は意味を持たなくなる。しかし、こうした常套句はこの仮説にとって重要ではない。言い換えれば、ここで主張されていることとは単に、われわれが見聞きしたり、触れたりしたことと、行うこと、話すこととをつなぐ非常に複雑な一連の因果関係には、神秘的な原因もなければ、ミッシングリンク〔問題解決のために必要だが欠けているもの〕もないということだ。全脳エミュレーションの可能性はまさにこの主張に立脚している。

2・2　全脳エミュレーションの三段階

全脳エミュレーションの作業は、マッピング、シミュレーション、身体化という三段階に分けることができる。[★1] 第一段階では、被験者の脳を非常に高い空間分解能（サブミクロン〔1ミクロン未満〕単位）でマッピングする。このとき、（少なくとも）前脳のすべてがマップ化されなければならない。こうして、より高い認知能力に最も密接に関係する脳の部分、特に大脳皮質（灰白質）とその相互接続部（白質）、ならびに扁桃体や大脳基底核〔脳幹神経節〕といった感情や行動の選択に関わる構造がスキャンされることになる。マッピングの

全脳エミュレーションの作業は、
マッピング、シミュレーション、身体化という
三段階に分けることができる。

プロセスは（少なくとも）各ニューロンや各シナプスの位置と性質を、ニューロンレベルの**コネクトーム**［神経回路地図］、つまり各軸索と各樹状突起とのあらゆる接続の記録とともに取得しなければならない。その結果、特定の時点における特定の脳の精巧で詳細な青写真ができあがる。

作業の第二段階ではこの青写真を使って、これらすべてのニューロンとその接続の電気化学的シミュレーションをリアルタイムに構築する。このようなシミュレーションは、例えばホジキン＝ハクスリー・モデルのようなニューロン挙動を説明する確立された数式を使って、計算神経科学の一般的な手法で行うことができる。ここで基礎となる技術は、例えば天気のシミュレーションや翼の周りの流体シミュレーションに使うものとよく似ている。もちろん、この方法では、たとえ小さな脳をシミュレートするのにもかなりの計算リソースが必要となる。

作業の第三段階はシミュレーションを外部環境と接続することである。この時点でわれわれが持っているのは、身体化されていない複雑な計算装置にすぎない。箱の中で作動する無力な**シミュレーション**から、対外的な行動が可能で実世界の因果関係に作用できる**エミュレーション**へと架橋するためには身体（たとえバーチャルな世界でシミュレートされた身体でも――この可能性については後で触れる）を作る必要がある。シミュレーションではその生物学的な原型と同様の入力信号を期待し、同様の信号を出力するため、シミュレートされた脳と（合成された）身体の接続は、この身体がもともとの動物の身体と形態的かつ機構的に類似しているほうが行いやすい。

マッピングとシミュレーションが成功すれば、シミュレートされた神経の挙動は、個別においても集合としても、環境から同一の入力を与えられれば、オリジナルの生体脳の挙動と実質的に見分けがつかなくなるはずだ。完璧な一致を期待することはそもそも無理なので、ここで言う「実質的」という意味は重要である。脳は、カオス的な――初期条件での微小な違いが時間とともにシステムの挙動に大きな違いを引き起こすという、数学的な意味での――システムである。したがって、マッピング作業での小さな不正確さや計算の際の端数切り捨ての誤差などにより、シミュレーションの挙動がいずれその生物的原型の挙動から分岐することもある。

しかし、このような制約は必ずしもエミュレーションの成功を妨げるものではない。前述の微小な逸脱が充分小さければ、エミュレーションのマクロレベルでの対外的挙動は必ずや原型とは見分けがつかないものになるだろう。観察者からすれば、エミュレーションはどのような状況においてもその原型と同じような決定や行動をするように見える。被験者が人間なら、家族や友人さえもがこのエミュレーションは不思議なほど自分たちが知っているあの人と似た行動をし、同じ習慣、同じ喋り方をして、果ては同じ記憶さえをも持つと主張するだろう。

2・3 脳のマッピング技術

人間の全脳エミュレーションという概念は技術的な問題が多いだけでなく、哲学的な課題でもある。この哲学的なテーマには後で戻ることにしよう。しかしまずは、技術的にも哲学的にも問題点が少なく、かつ小さな脳を持つ種、つまりマウスの場合を考えよう。マウスの全脳エミュレーションを実現するにはどうすればいいのか？　どのような技術が必要か？　エミュレーションの三段階を順に考えていこう。

二一世紀初頭の技術を使ったマウスの脳の詳細な構造的スキャンは次のようなステップでなされる。まず、この（不）幸せなマウスは殺され、その脳が抽出される。二つ目に、その前脳は極限まで薄くスライスされる。三つ目に、それぞれのスライスは電子顕微鏡を使ってデジタル画像にされる。四つ目に、各ニューロンの位置と種類、各軸索と各樹状突起の形、各シナプスの位置と種類などが画像の山からコンピュータによって再構築される。その結果、元の脳のエッセンスを網羅したとてつもなく大きなデータセットができあがる。これこそがまさにわれわれが必要としている青写真である。

しかし、エミュレーションを構築するためには、これで足りるのだろうか？　このような構造的スキャンは、脳の各構成部分の時間を凍結したスナップショット、つまり形状、レイアウト、相互接続の仕方などを提供するにすぎない。それらは、動態や各部分の挙動や相互作用をダイレクトに語ってはくれない。構造的スキャンの空間分解能が高ければ高いほど、データに含まれる微細な神経構造は小さくなり、数学モデルによるコンピュータ上にあるニューロンがとりうる挙動の再現もそれだけ簡単になる。とはいえ、高分解能スキャンをもってしても、シナプス接続の強度のような、このモデルが求めるすべてのパラメータを特定することはできそうもない。そして、すべてのパラメータがそろわない限り、数学モデルはコンピュータ・シミュレーションの役に立ちそうもない。

しかし、たとえ低分解能のスキャンでも、ニューロンの電気活動の記録さえ得られれば欠点を補うことができる。これもまた二一世紀初頭の技術だが、考えられる方法の一つは、ニューロンが発火するときに蛍光染料を作り出すように遺伝子操作されたマウスを使うことだ。そこで、大脳皮質に光を当てることによって、普通の光学顕微鏡でも脳内のすべてのニューロンの活動を記録することができる[★2]（当然ながら、これはマウスが殺され、その脳がスライスされる前にやらなければならない）。その後に、モデルに差し込む際に記録されたデータが最も正確に再現されるよう、欠けているパラメータの値を自動的に求める技術も導入できるだろう。

このようなスキャンや記録の技術はかなり有望である。しかし、マウスの脳には七〇〇〇万ものニューロンがあり、それぞれが数千ものシナプス接続を持つ。人間の脳となると、ニューロン数が八〇〇億、シナプスの数にいたっては数十兆に達する。脳をスライスしてスキャンするような計算機的手法ではこの膨大な数の処理に手こずるだろうし、たとえムーアの法則をもってしてもこの方法の助けにはなりそうもない。先述の蛍光顕微鏡を用いた方法にも限界がある。高い空間分解能があり、個々のニューロンをモニターできるとはいえ、この方法の時間分解能は比較的低く、個々の発火現象を区別できない。しかし幸いなことに、バイオテクノロジーやナノテクノロジーの進歩により、脳のマッピングに代わるさまざまなアプローチが現れ始めている。そのうちのいくつか候補となりうるものを見てみよう。

先ほど、遺伝子操作技術の実用例の一つに触れた。ここでもう一つの方法を見てみよう[★3]。マウスの遺伝子操作で、その脳の各ニューロンのDNAにそのニューロン特有のシークエンス、すなわち「DNAバーコード」のようなものを組み込んだとする。そして、すべてのニューロンを個別にバーコード化したうえで、マウスの脳に、シナプス間隙を越えて遺伝物質を運ぶようにあらかじめ操作された無害のウィルスを「感染させる」。それによってシナプス前細胞のDNAがシナプス後細胞のDNAと再結合できるようになる。これはDNAの新しい鎖《ストランド》を作り出すことになり、上記の二つのニューロン間のシナプス接続を表す対のバーコードを持つことになる。

マウスの脳はこうしてニューロン間の数十億もの対接続が遺伝子的にコード化された記

録の容器になる。ここから、ＤＮＡシークエンシング技術を使ってこれらのデータを抽出することになる。この方法だと、サブミクロンレベルの画像化や画像処理というデータ上でも計算上でも煩雑な中間過程を経なくても、ニューロンレベルのコネクトームが得られる。さらに、この方法の難点であったＤＮＡシークエンシングの速度とコストは、ヒトゲノム計画の波及効果によってこの数年間で飛躍的進歩を遂げている。

これはだから有望な技術である。しかし、先に述べたスライスとスキャンの方法と同様、これでは脳をエミュレートするために必要なデータの一部しか提供できない。それは機能ではなく、構造を表すものにすぎない。ここで、ナノテクノロジーがものを言うのだ。ナノテクノロジーは神経活動のマッピングに役立つため、青写真の欠けた要素を補うことができる。バイオテクノロジーもナノテクノロジーも、莫大な量の極微小な物質を扱うという強力なアイデアに立脚する点で共通している。バイオテクノロジーの場合、その極微小な物質とは、ウィルス、バクテリア、ＤＮＡの束といった生物学的なものである。しかし、同じアイデアは極微小な非生物学的なものにも通用する。ナノテクノロジーの分野では、典型的なサイズが数十ナノメートル、つまり一メートルの数十億分の一の物質を製造する。

ナノテクノロジーには数多くの可能な用途があり、その多くは本書に関連したものである。しかし今のところ、脳活動のマッピングという作業に集中しよう。ナノスケールでは、数百万分の一メートルしかないニューロンの体細胞さえも大きく見える。そこから、脳の血管網の中を自由自在に泳ぎ回るナノサイズのロボットの一つ一つがカサ貝のようにニューロンの膜やシナプスの近くに付着する様子が想像できる。★4 定着したロボット群は、ニューロンの膜の電位変化や発火現象を検知して、その情報を大脳皮質の表面近くの中継装置群にリアルタイムで伝える。これらの中継装置の役割はこのような「神経カサ貝」の群れから入るデータを集約し、脳科学者がそのデータを集められるように外部に伝達することだ。

これらの提案はまだ推測の域を出ないものだが、近い未来に何ができるようになるかというこのヒントにはなる。本書の目的は、細かい予想や技術進歩の時間的推移を推測することではなく、いくつもの可能な未来シナリオやその影響を検討していくことである。ここでの大事な点は、マウスの脳の青写真、つまりしっかりしたエミュレーションができるほど充分に詳細な青写真を実現するうえでの障害は技術的なものであり、何か新しい概念を必要としているわけではないということだ。しかも、これらの障害は、バイオテクノロジーとナノテクノロジーの組み合わせにより、いつかは克服されると予想される。それが一〇年かかるか、五〇年かかるかはわからないが、歴史の尺度から見れば一世紀でもかなり短い時間だと言えるだろう。

それまでのあいだ、スキャン技術の向上よりも科学的思考が必要とされるもう一つの可能性を考えなければいけない。これまで、特定の成長した動物の脳をコピーする試みについて考えてきた。もしもこのコピーが、オリジナルが学習した挙動や身につけた習慣と嗜好をすべて忠実に再現し、オリジナルと挙動上の見分けがつかないようにしなければならないなら、非常に精密で正確なスキャンが必要となる。そこで、そのかわりに、大量の新生マウスの脳を最新技術の許す限りの精密さでスキャンすると仮定しよう。そうなると、ひな形を成形するためにできるだけ多くの他のマウス脳のデータも参照しながらすべてのデータを統合すれば、平均的な新生マウス脳の統計モデルを合成することができる。[★5]

このような統計モデルを使えば、幼少マウス脳の一つ一つのニューロンやシナプスの精密な記述を好きなだけ**生成**することができる。生成された個別の記述は、互いに少しずつ異なりながらも、それぞれが統計的なひな形に適合する。これらの記述のいずれも実際に生きたマウスの脳と合致することはない。しかし、モデルを作るに足る充分な量のデータさえあれば、それぞれが個別の実用可能なマウス脳となり、コンピュータのシミュレーション上で具体化し、身体化しうる対象になる。

2・4　神経シミュレーション技術

脳の細かい記述が何らかの方法で得られたら、次にシミュレーションに取りかかることができる。このシミュレーションが実施される基質についてはいくつかのオプションが存在する。その範囲は、普通のデジタル方式のコンピュータから特注のアナログ装置や、化学もしくは生物学的コンピュータまでをも含む。最も一般的な選択肢はわれわれの卓上に置いてあったり、携帯電話の中に内蔵されているデジタル・コンピュータだ。一般的なデジタル・コンピュータであれば、小さな時間的ステップごとに、ある変数の集合がその変数を左右する一連の微分方程式の下でどのように変化するかをシミュレートできる。かくしてニューロンのさまざまな構成要素の電気的もしくは化学的性質は、例えば先述したホジキン＝ハクスリー方程式を用いてモデル化できる。

もちろん、ここで求められているのは、一つのニューロンではなく、接続しあっている多数のニューロンのシミュレーションだ。変数はたくさんあり、一つ一つが関連する方程式に左右され、しかもこれらを同時にすべてシミュレートしなければならない。このことを、一度に一つずつしか作業を処理できない従来の直列型コンピュータでリアルタイムに行うにはどうすればよいのか？　まず、幸いなことに、ニューロンは遅い。励起されても、典型的なニューロンは数ミリ秒に一度しか発火しない。ニューロンが二回発火するあいだに、わずか3GHzで作動するデスクトップ・コンピュータでも一〇〇〇万件のオペレーションをこなせる。したがって、マルチタスクで一度に多くのニューロンのシミュレーションが可能だ。シミュレーション時間の各ミリ秒ごとに、コンピュータは一ミリ秒のほんの一部を使って最初のニューロンをシミュレートし、また一ミリ秒のほんの一部を使って次のニューロンをシミュレートする、といった具合で何万ものニューロンのシミュレーションを行っていく。

ところが、マウスの脳でさえも数千万ものニューロンを持っているので、これらすべてを正確にかつリアルタイムでシミュレートしてゆくには相当な計算量が必要になる。プロセッサのクロック速度は一九八〇年代や一九九〇年代に幸運なほど飛躍的なペースで増加したが、この傾向は二一世紀に入ってから遅くなった。最も速い直列プロセッサでさえもマウスの脳のすべてのニューロンのシミュレーションはできない。幸い、ここで、**並列処理**が問題を解決してくれる。一度に一つの作業しか扱うことができない直列プロセッサを一つ使うよりも、各自が数千ものシミュレーションを行う複数のプロセッサを同時に作動させてシミュレーションを行えばいいのだ。一人の作業員が一生かかってやっと建てられるレンガの建物でも一〇〇〇人で作れば一週間でできあがるのと同じように、一台の高速プロセッサを使ってもリアルタイムには処理できない全脳シミュレーションでも、無数の遅い並列プロセッサを使えば可能となるのだ。

実際、脳そのものは一種の大規模並列処理を行うものでもある。一つ一つのニューロンは小さな独立した情報処理ユニットとみなすことができる。樹状突起への信号群がそのインプットであり、それは膜電位やシナプスの強度といったさまざまな物理量という形での記憶（メモリー）を持っている。ニューロン自身は樹状突起の「インプット」および「メモリー」の現状を、軸索に送る「アウトプット」信号へと継続的に報告する関数を「計算」する。この比喩を拡張すれば、脳の機能的基質は数百万もの小さなプロセッサが同時に作動する一種の大規模並列計算に依拠しているのだと言える。

ニューロンの実際の物理や化学を観察すれば、並列計算との類比は妥当ではない。それでもこの類比は、生体脳も非常に多数の微小物を活用する原理の一例であるという重要な点を示している。脳のシミュレーションを行うためには、同じ原理を異なった基質に適用する必要がある。したがって、二〇一〇年代のスーパーコンピュータがすべて大規模並列機械であることは全脳エミュレーションを実現する計画にとっては好都合だ。加えて、スーパーコンピュータのプロセッサ数は増加しており、プロセッサの単価はムーアの法則と合致する指数関数的な速度で下がっている。★6

この技術的な傾向は大勢のコンピュータゲーマーたちに負うところが大きい。より良いゲーム体験を求める彼らの要求は、廉価で高性能なグラフィック処理ユニット（GPU）の開発を後押ししてきた。もともと大規模なピクセル配列を操作することを目的としたものだが、GPUの構造は主に汎用並列コンピュータと同じものである。効率とパワーが向上し、コストが下がったのにつれて、GPUには核反応や気象のモデル化のような大規模の並列計算を要する他分野の新しい用途も生まれた。二〇一二年には、クレイ社のタイタンという世界最強のコンピュータは一万八六八八個のGPUを内蔵したハイブリッド構造になっており、そのＧＰＵの一つ一つはそれ自体が強力な並列コンピュータだった。

２・５　脳スケールでの計算

次の条件さえそろっていたと仮定すれば、二〇一〇年代半ばの最強のコンピュータを使ってマウスの全脳シミュレーションがすぐにでも実現できているはずだ。(1)エミュレーションを成功させるのに必要な物理的詳細のレベルが充分に低いこと、(2)必要な詳細レベルでの青写真が得られること。第二の条件を満たす技術的な可能性のいくつかはすでに検討してきた。第一の条件に関してはまだ結論は出ていない。シナプスにおける情報伝達の化学的性質、グリア細胞の構造、樹状突起と軸索の形などを無視して、ニューロンを単純な点のような数学的対象として扱えば、はたして原型と見分けがつかない行動をエミュレートできるのだろうか？　もしそれが可能であれば、全脳エミュレーションに要求される計算量は、脳のすべての側面をモデル化した場合よりも桁違いに低くなるだろう。

脳科学はまだこの問題の答えを見つけていない。しかし、たとえその答えが肯定的だとしても、マウスの脳から人間の脳（および人間レベルの知性）へのスケールアップは莫大な飛躍となるはずだ。ここでの工学的なチャレンジは、単に必要なＦＬＯＰＳ（秒単位の浮動小数点演算）を達成することだけではなく、それをいかに少量で低い電力消費で成し遂げられるかという点にかかっている。平均的な人間（男性）の脳はわずか一二五〇立方センチしかなく、二〇ワットしか電力を消費しない。一方、二〇一三年に世界で最も強力なスーパーコンピュータであった「天河－2」は二四メガワット（MW）を消費し、七二〇平方メートルの施設に格納されている。それでも、最も控えめな仮定の下においてさえ、このスーパーコンピュータには人間の脳のシミュレーションに必要な計算能力のほんの一部分しかない。要するに、大規模並列処理かどうかにかかわらず、人間レベルの人工知能を全脳エミュレーションの道筋に沿って達成するためには、従来のデジタル・コンピュータの先を見通さなければならない必要があるだろう。

そのための有望なアプローチの一つは**神経形態**ハードウェアである。[★7] 既存の汎用コンピュータ技術を使うよりも、脳に最も似たハードウェアをカスタム制作するという発想だ。従来のデジタル装置では、一個のニューロンの膜電位の数ミリ秒単位の変化をシミュレートするのに何百回もの二進浮動小数点演算を処理する必要がある。これには何千ものトランジスタスイッチが関わり、それぞれが電力を消費し、熱も放出する。膜電位そのものは二進数として表示され、この二進数は実際の物理量のように連続的に推移するのではなく、離散的に段階を踏みながら変化する。神経形態的アプローチはこのようなデジタルの不完全さを排し、実際のニューロンのように振る舞う**アナログ**の構成要素を使う。膜電位は現実の電荷の物理量で表され、連続的な変化を遂げる。このことによって消費電力は劇的に効率化される。

全脳エミュレーションが可能な脳マッピング技術を検討するにあたって、われわれは現在の技術（例えばスライスとスキャン）の改良か、すでに実現可能性が見えてきた新興技術（例えばDNAのバーコード化）の開発か、または理論上可能であってもかなり推測の域を出ない技術（例えば神経ナノボット）へのパラダイムシフトを敢行するか、という選択肢を考察してきた。神経シミュレーション技術によって、同様の範囲の可能性を検討することができる。われわれはまた従来型のデジタルアーキテクチャを用いた大規模並列スーパーコンピュータも検討した。そして、少数のニューロンをシミュレートする代替技術としては確立していながら、さらなる劇的改良が必要な神経形態ハードウェアについても今見たばかりだ。

ところで、さらに遠い地平線には何があるのだろうか。量子計算の可能性にはかなりの思索が費やされてきた。これは確かに興味深いトピックではあるが、量子計算が理論的に有利であるとされる数々の課題の中には大規模な神経シミュレーションは含まれていない。重ね合わせ現象のような奇妙な量子効果は、処理が困難である探索問題の解決に役立つが、全脳シミュレーションに必要な計算量は探索処理の困難さとは関係なく、[8]正真正銘に大規模な並列処理を必要としているのだ。われわれが本当に必要としているのは、従来のハードウェアで可能な集積度において、ムーアの法則が物理学の限界を超えても続けられるようなハードウェアのパラダイムである。その物理的限界としては、光の速度、原子のサイズ、ビットをある状態から別の状態へスイッチするのに必要最小限のエネルギー、などが挙げられる。

このパラダイムシフトをもたらす候補の一つとして、**量子ドットセルオートマトン**（Quantum Dot Celular Automata，ＱＤＣＡ）★9がある。「量子」と言っても、ＱＤＣＡは量子コンピュータではない。量子ドットとはむしろトランジスタのような挙動が可能で、状態の切り替えを高速に、しかもわずかな電力で行えるナノスケールの半導体装置である。四つの量子ドットを正方形に並べて、１ビットの情報を蓄積できる量子ドットセルを作ることが可能だ。量子ドットセルは格子状にレイアウトしてセルオートマトンを作り、論理ゲートとコミュニケーション回路を構築できる。これらはデジタル電子工学の基本要素であり、小さなプロセッサとして組み立てられる。

このＱＤＣＡが従来の相補型ＭＯＳ（ＣＭＯＳ）半導体のシリコン技術より優れているのは、電力消費も発熱も低く抑えながら、巨大な集積度を実現できるため、ＣＭＯＳでは物理的に不可能な大量のスイッチを一箇所に置くことができる点だ。しかし、ＱＤＣＡの実用化はおそらく数十年後になるだろう。より近い将来においては、半導体産業は従来のプロセッサのデザインをそのまま踏襲しながら、トランジスタの三次元スタックを開発して、今日のシリコンの二次元スライスに替わってムーアの法則の延長を図るだろう。また、より小さく、より効率的なトランジスタを作るための素材として、シリコンを放棄して**カーボンナノチューブ**を採用するかもしれない。

確かなことは、二〇一〇年代の電子産業は、一定量の物質の内で実行できる計算量の理論的な最終限界に少しでも近づいたコンピュータを作るのにはまだ程遠いということだ。**コンピュートロニウム**（computronium）という用語は、あらゆる原子構成の内での物理的に可能な計算量の限界値が実行できる（架空の）素材を指すために使われている。物理学者のセス・ロイドの計算では、このような理論的に完璧なコンピュータは一キログラムの質量と一リットルの容量を持つとすると、10^{31}ビットで毎秒5・4×10^{50}個の論理演算が実行できる。これは今日のコンピュータの性能より三九桁も多い値だ。★10

このような計算能力を実現する見通しはまだほとんどない。しかし、人間脳の高精度シミュレーションにはこの能力のほんの一部で充分だ。なにしろ、人間脳は一リットル強のボリュームしかなく、（驚くべきことに）二〇ワットの電力しか消費しないからだ。大量のニューロンのシミュレーションのために、そしてより非生物的な手法による人工知能の実現のためにも、今日あるものよりもはるかに強力なコンピュータの実現可能性は、機械的超知能の実現性を考え抜くための重要な刺激となるだろう。

2・6 ロボット工学——身体化の技術

何らかの方法で、脳のマッピングとシミュレーションへの技術的障害が克服されたと仮定しよう。元のマウスの前脳の細部が見事なまでに反映された、作動するレプリカが作られたとする。このエミュレーション過程の最終段階は、シミュレートされた脳を合成(ロボット)の身体と橋渡しするインターフェイスを作ることである。この段階で初めて、オリジナルと見劣りしないレベルの挙動を得るべく、シミュレーションを適切にテストしたり、調整したりすることができる。マウスの身体とおおよそ同じように、このロボット身体は原則としていろいろな形をとりうるが、この身体がマウスらしくあればあるほど、インターフェイスの問題も少なくて済む。そこでわれわれはとりあえず、車輪に乗った硬い身体ではなく、筋骨格系を持つソフトな四つ足の身体を仮定しよう。同じように、目や耳や(重要な)ヒゲなどの、実物と同タイプの信号を出す生物模倣型のセンサーを持つロボット身体を想像しよう。

ここで、われわれは一方にマウスのシミュレートされた前脳を、もう一方に人工のマウスの身体を持つ。しかし、両者をどうやって合体させればよいのだろうか? 単純に差し込めあえば済むわけではない。問題は、生身の動物においては、前脳と身体の他の部分とがはっきりと分離されていないことなのだ。実際、前脳とは、河川とその支流の系が密林に浸透するのと同じように、動物の身体を頭からつま先まで浸透する神経系の一端であるニューロンとの接続密度が特に高く集中する部分にすぎない。しかし、われわれは前脳を神経系から「切り離す」ことを選んだ。そうすることによって、われわれは、運動調整に関わる小脳を含む中枢神経系の大部分および末梢神経系の全体を捨てたことになる。

人間の前脳が、習慣、好み、専門技量、記憶、人格など、その個人の特質の大半を内蔵していると信じるに足るのと同様に、前脳が特定のマウスの「本質《エッセンス》」の大半を包含していると信じるに足る充分な理由がある。このため、前脳に固執する決定は正しかったと言える。しかし、前脳だけをマッピングし、シミュレートすることを選択したばかりに、われわれはまるで一枚のタペストリーを真っ二つに切り裂いた後に、オリジナルのパターンを寸分違わず修復すべく、一本一本の糸をつなげ直していかなければならなくなった。さらに悪いことに、これはまるでタペストリーの半分をまるごと廃棄してしまい、その失われた半分のパターンを推測しながら、ゼロから織り上げなければならないような状況だ。

マウスの身体はまさに失われた半分のタペストリーである。そして前脳シミュレーションは、無数の入力部と出力部が引き裂かれた絹の糸のように空中にぶら下がっている残り半分のタペストリーだ。残念ながら、前脳シミュレーションを出入りするインプットとアウトプットにはそれぞれ、ロボット身体のどのワイヤーに接続すべきかを示すラベルがついていない。エンジニアは、脳から出力される運動信号からどの筋運動パターンが発せられたのか、どの入力信号が所与の感覚刺激パターンに起因しているのかを調べなければならない。特に接続が「地形学的《トポグラフィック》」に組織されている視覚と触覚の場合、大脳皮質上の感覚ニューロンの正確な位置が一つの手がかりとなる。それでも、この情報だけでは、ロボット技術者の仕事が楽になるような配線図からはまだ程遠い。

この困難の根源には、オリジナルの動物においては、システム全体の各部分（前脳、残りの神経系、その他の身体の各部分）は、それぞれが互いの特異性に有機的に適応しながら、共に成長し、発展することにある。したがって、問題を回避するために考えられる方法の一つはマッピング段階で範囲を広げることだ。前脳だけをマッピングするよりも、身体の三次元構造の高解像度な表現との組み合わせで、中枢と末梢の神経系全体をマッピングすればいいのではないだろうか？　それによって、脳全体のコンピュータ・シミュレーションのレプリカを作ることと同様に、その末梢神経系と筋骨格構造のすべての特徴を含めて、この特定のマウスの身体の完璧なコピーを合成できるだろう。われわれが、すでに関連するテクノロジーが未来に発展することを前提にしている以上、この分野での技術発展が身体全体に及ぶことを期待しない理由はないのではないだろうか。

あるいは、末梢神経系と筋骨格構造全体のスキャンを得るよりも、エミュレートされる対象が生きているうちに、機械学習技術を使って、脳の感覚運動活動とその結果としての運動との関係性を見つけ出すことが考えられる。この関係がわかれば、脳から発せられる運動信号をロボットの人工身体が理解できる指令に変換する（そして、脳が期待する固有感覚の信号と触覚フィードバックを提供する）インターフェイスを作ることができるだろう。このアプローチの利点は、人工身体がその原型に似なければならない度合いを減らすことができる点だ。もしエミュレーションが最小限の調整のみですぐに完全に作動しなければならないなら、基本的な身体のパターン、つまり四本の脚や手、そして特にマウスの場合、ピクピクとひきつる鼻などは保持されなければならないだろう。しかし、上記のスマートなインターフェイスが実現できれば、マウスの正確な筋肉セットやその特徴を再現する必要はなくなる。

シミュレートされた脳というもう一つの強力な学習装置を活用することによっても、オリジナルの身体の忠実なレプリカを作る必要を減らすことができる。生体脳は適応の達人である。人間は車の運転、飛行機の操縦、クレーンの操作などを学べる。熟練のドライバー、パイロットやオペレーターにとって、機械は身体の延長になる。さらに、ひどい怪我を負った人たちも、車椅子や義足、義手などの補綴具を使った学習を経て苦境に適応する驚くべき能力を持っている。シミュレートされた脳であっても同様の可塑性や適応力が期待される。エミュレーションがすぐに完全に作動されることを期待されていない限り、オリジナルと完全に同じ感覚運動信号で作動する身体は必要ない。不整合が生じるのであれば、一定期間の訓練または「リハビリ」で補うことが可能である。

生体脳は適応の達人である。

行動データに適合させたインターフェイスの制作およびリハビリ期間の導入という二つの方法の組み合わせにより、エミュレーションに与えることのできる身体パターンの幅を大きく拡大できる。何もエミュレートされたマウスをマウス的な身体にする必要はない。新たに生命的な挙動を与えられた動物には脚が六本あってもよいし、車輪に乗っていてもいいだろう。もしエンジニアたちが、例えば「視界の中央の物に向かって移動する」という衝動に符合する神経パターンの数学モデルを作り上げれば、マウスの合成脳がそう判断するときには確実にマウスの合成身体がその視界内に写った物体に向かっていくようにできるだろう。

シミュレートされた脳が不慣れな身体に適応できる一方で、新しい身体も、補綴具や脳＝機械インターフェイスの分野での進歩により、シミュレートされた脳に適応するようにデザインできる。現代の人間用の補綴具は受動的な装置ではなく、（タコの触手のように）独立して複雑な操作を行うことができる。しかし、これを効果的に行うためには、その器具は装着者の意向を読みとることを学ばなければならない。この問題に機械学習を適用することで、脳＝機械インターフェイスの分野は日進月歩しており、そこから開発された技術は全脳エミュレーションにも活用できる。シミュレートされた脳と人工身体が相互に適応できるようになれば、新しい型の身体パターンへのリハビリはじつに容易に行えるようになるだろう。

2・7　バーチャルな身体化

生体脳は感覚運動ループの一環なので、三次元の実世界の中の身体の動きを連続時間で指示することができる。動物の脳の機能的シミュレーションも感覚運動ループの一環でなければならず、かつ、その入力と出力も実際の脳のものと機能的に等価である必要があるからこそ、その身体化が必要となる。これを実現する手段の一つはシミュレートされた脳を**物理的な**ロボット身体と架橋《インターフェイス》することだ。もう一つの方法は動物の身体と、その身体がふだん生活している物理的環境の詳細な**シミュレーション**を作り上げることだ。すなわち、マウスのシミュレートされた脳をマウスのシミュレートされた身体（シミュレートされた手足、ヒゲ、毛皮なども兼ね備えた）とインターフェイスさせたうえで、シミュレートされた芝生、シミュレートされた垣根、シミュレートされたチーズなどが配置されているバーチャルな世界に放つことだが、マウスの感覚運動装置が関連する限り、これらのレンダリング〔三次元画像化〕は本物と実際上見分けがつかないほどの高分解能で行われなければならない。

このための技術は充分に確立されており、ここでもビデオゲーマーたちの経済的影響力に感謝しなければならない。より写実的な映像によるゲーム体験が求められてきた結果、ゲーム開発者たちはバーチャルな世界での物体の行動をシミュレートできる高度な**物理エ**

ンジンを次々と生み出している。物理エンジンは、ゲームの世界に存在し、動き回り、ぶつかりあう多数の物体の位置と方向を、重力や摩擦などを考慮しながら保持する。この情報をコンピュータ内に保持するのは、プレイヤーの操作するキャラの視点（もしくはそのキャラのすぐ後ろの視点）から物体を表現するためだ。物理エンジンをバーチャルな身体化という目的に活用すれば、シミュレートされた脳に現実的なインプットとアウトプットを供給することができる。

しかし、技術を適用する対象がゲームでも、バーチャルな身体化でも、エンジニアリング上の課題は同じものだ。硬い物体は比較的スムーズにシミュレートできるが、筋肉や草の葉のようにソフトで柔軟なものはより困難を伴う。煙や埃など粒状のものはさらに難しい。コンピュータ・グラフィックスの専門家たちはすでにこれらのケースを克服している。しかし社会的動物のシミュレートされた脳に欠かせないエージェント［ゲーム世界において、プレイヤー以外の、自律して行動しているように見える存在］を表現するには特有の困難がある。現代のゲームの文脈でAI［人工知能］と呼ばれるこれらのエージェントは多くの場合、単純で典型的な行動のレパートリーしか持たず、おおざっぱにシミュレートされたものだったりする。しかし、エージェントは実在する人間のアバターである場合もある。あるいはまた別の、完全に実現された汎用知能を持つ人工知能群でもありうる。

この最後のオプションは、シミュレートされた環境に住む人工知能によって構成されるバーチャルな社会の可能性を示唆する。生物的制約からも、食料や水などのリソースを獲得するために競いあう必要性からも解き放たれたバーチャルな社会では、生体的な脳《ウエットウエア》に閉じ込められたエージェントの社会では不可能なことが可能となるだろう。例えば、充分な計算リソースさえあれば、バーチャルな社会は超現実的《ハイパーリアル》なスピードで作動することができる。バーチャルな世界での一ミリ秒を例えば実世界での一〇分の一ミリ秒に相当するものとしてシミュレートできるのだ。

もしそのようなバーチャルな世界に住む人工知能の社会が自己改善やより知能の高い子孫を残すことを始めれば、彼らの進歩は実世界から見たらまさに加速的なものとなるだろう。そして、彼らがその技術的な専門知識を実世界に逆輸入し、彼らが依存している計算基質の改善に資することができれば、加速率そのものが加速するだろう。これは特異点のようなシナリオへの道の一つであるが、その結果は爆発的な技術変化であり、その影響は予想もつかない。

2・8　エミュレーションと拡張

ここでより近い未来に戻ろう。全脳エミュレーションは汎用人工知能を達成する一つの方法であり、広範な工学的可能性の中での「生体的な忠実性」というひとつの方向性にすぎない。それでも、かなり控えめな哲学的、科学的、そして技術的な仮定に立っても、少なくとも（マウスレベルの）ある種の汎用人工知能が近い将来において実現可能であることを示しているという意味においては、大きな達成である。

これらの仮定のうち、主なものは次のとおりである。(1)人間やその他の動物の知的行動は物理法則に従う脳活動に媒介される、(2)エミュレーションにおける行動の「現実との見分けがつかない度合い」を達成するために求められる物理的細部の解像度はそれほど高くない、(3)既存のマッピングと計算テクノロジーは充分に短い期間内に、充分に進歩（マウスの場合はおそらく二桁か三桁）すること（ほとんどの人にとっての充分に短い期間とは「彼らの一生」もしくは「その子供たちの一生」だろう）。

最初の仮定はほとんどの人が受け入れられる哲学的な立場を表している。第二の仮定からはいくつかの科学的な疑問が引き出せる。その仮定には例えば、個別のグリア細胞をシミュレートしなくてもよいということ、生体脳の（離散性とは対照的な）連続性はシミュレーションの障害にはならないということ、量子効果はまるごと無視してよいこと、などを必然的に伴うからだ。第三の仮定は、対象をマウスにとどめる限り、計算能力の発展に関しては現実的であり、脳マッピング技術の発展に関しては合理的だと言える。したがって、マウスレベルの汎用人工知能は可能であるという以上に、まもなく実現されると言っても過言ではないだろう。

ひとたびマウス規模の全脳エミュレーションが実現すれば、人間レベルのＡＩの実現はそう遠くはなくなると考える確かな理由がある。マウスから人間への移行はさまざまな方法で成し得る。最もわかりやすいのはエミュレーションのプロセスをレベルアップして、人間に適応させることだ。これは当然エンジニアリング上の難題ではあるが、特に概念的な飛躍は必要ない。しかし、コンピュータ処理能力やストレージ容量などの関連テクノロジーがこれに見合うだけのペースで改良されていくと期待することは果たして現実的なのだろうか？　ムーアの法則はどこかで終わらなければならない。もしかしたら、マウスレベルと人間レベルの全脳エミュレーションのあいだに横たわる三桁ほどの処理能力の差のどこかで停止してしまうかもしれない。

とはいえ、何十億もの極小電力を集めてナノスケールの構成要素を人間レベルの知能を持つ装置として組み立てることが可能だとわれわれは知っている。われわれの脳はまさにその生きた証拠である。自然がそれを成し遂げたのであれば、われわれも自然と同じぐらいたやすく物質を操作できるようになるはずだ。だとしたら、ニューロンの総数という課題に限って言えば、他の方法がない場合には合成生物学とナノテクノロジーの何らかの組み合わせを使って、脳を構築するという分野においてわれわれが自然と肩を並べる日がいずれ来るだろう。しかし、人間規模の全脳エミュレーションで求められる計算能力の需要を満たすにはいくつもの大きな技術的ブレークスルーが必要になるだろう。この場合、エミュレーションのスケールアップに頼っていては人間レベルのAIへの道のりは容易ではなさそうだ。

しかし、人間規模の全脳エミュレーションは人間レベルのAIへのアップグレードの唯一の選択肢ではない。たぶんマウス規模のエミュレーションそのものを認知的に拡張する手立てもあるだろう。これを行うための最も自明な（かつ、ナイーブかもしれない）方法は、前頭前皮質や海馬など、認知能力にとって重要な脳の部位のニューロン数を単純に増やすことかもしれない。さらに起こりそうなのは、マウスの脳エミュレーションを研究ツールとして使えるようになることで、脊椎動物の脳の認知の仕組みに対する理解が加速することだ。この芽生えたばかりの理論知識は、マウス脳のシミュレーションの核心を保持しながらも、適切な神経拡張（または認知的補綴物）の設計に役立つだろう。★11

こうして見ると、マウス脳のエミュレーションはやはり人間レベルAIを実現するうえでの触媒になる。物理学の粒子加速器のように、マウス規模の全脳エミュレーションは通常なら想像することしかできないような実験を可能にしてくれる。例えば、合成されたマウスの脳活動と行動を注意深く制御された条件の下で観察した後に、システム全体をリセットし、脳への微小な変更を加えてから、同じ実験を再度行うことなどが考えられる。これはマウス脳の**リバースエンジニアリング**を可能にするような実験プログラムであり、われわれはそのうちマウス脳のための認知的補綴物を基本原理に基づいてデザインし、製造できるほど充分な知識を身につけるだろう。

しかし、これだけで人間レベルのＡＩを達成できるだろうか？　それとも他にまだ足りないものがあるのだろうか？　例えば、拡張されたシミュレート脳に言語能力を付与することが不可欠になるが、このためには単純にニューロン数を増やすだけでは間に合わないだろう。言語の獲得には、小さい脊椎動物の脳には備わってないような種類の回路が必要になってくるだろう。たぶん進化のプロセスは人間の脳の中に、記号的表現や組み合わせ論的統語論、合成的意味論といった言語の構成要素を処理できるような、質的に異なるタイプの神経メカニズムという根本的な革新を発見したのかもしれない。

これが真実ならば、マウス脳に関する完全な理論でもまだ足りず、マウス規模のエミュレーションから人間レベルＡＩまでの道筋は険しいままだろう。しかし、忘れてはならないのは、神経エンジニアの努力と並行して、神経科学者たちは、全面的な脳のエミュレーションに頼らずに、人間脳の構造と行動をマッピングするためのますます強力なツールを使って、人間脳の秘密を解き明かしつつあるということだ。言語の神経的な基礎を理解することは当然、神経科学の主な目標である。このため、おそらくエンジニアたちがマウス規模の全脳エミュレーションを作り上げるころには、神経科学者たちも、適切に拡張されたマウス規模の脳に言語能力を付与する神経補綴物が作れるように彼らに手を貸すことができるようになるだろう。

要するに、マウス規模の全脳エミュレーションはいくつもの方法で人間レベルのＡＩへの進歩にはずみをつける可能性を持っている。人間レベルのＡＩが実現すれば、おそらく超人間レベルのＡＩへの移行は避けられないだろう。人工的な基質の上で実現される人間レベルの知能は、さまざまな制約（低速、代謝への依存、睡眠の必要など）を持つ生体脳よりも拡張しやすいだろう。さらに、この問題を人間レベルのＡＩ自身（もしくは複数の人間レベルのＡＩによるチーム）にまかせれば、加速度的な改善のフィードバックループが始まり、予想もつかない結果を生む知能の爆発を引き起こすだろう。言い換えれば、全脳エミュレーションによってマウス規模の人工知能を達成した時点で、アラジンのランプから魔神が飛び出してしまうのかもしれないのだ。

第3章 AIの設計

3・1 知能の暗示

ここまで、人間レベルの人工知能の実現に向けた、脳を出発点とした手法、特に全脳エミュレーションについて多くの検討を費やしてきた。しかし、人工知能の可能性の空間は多岐にわたるし、生物的形態はそのほんのひと隅を占めるにすぎない。この領域の他の可能性ははたしてどんなものだろうか。これは非常に重要な設問だ。なぜならAIがどのように作られるかによってAIそのものの行動が決まると同時に、われわれがそれを予測し、制御する能力も決定づけられるからだ。

AIの可能性の空間に、人間と似たような目標や動機を持つわれわれと同じような存在が多くを占めていると想像するのは大きな間違いであり、危険だとさえ言える。さらに、どのように制作されたかによって、あるＡＩまたはＡＩの集団がその目的（この概念がそもそも意味を成せばの話だが）を達成しようとする方法はおそらく、カスパロフがチェス盤の向こうに感じた異質な知能と同様、完全に不可解なものだろう。もしこのＡＩが別のＡＩの産物であったり、または自己改善や人工的な進化の結果であれば、その潜在的な不可解さはいっそう大きくなるだろう。

それでは、どのような設計や制作方法が想定不能で制御しにくいＡＩに帰結するのだろうか？　各種の可能性への理解を深めれば深めるほど、われわれはこの問題に上手に対処し、「間違った」ＡＩを作って制御不能に陥るリスクを減らせるのだ。とりあえず、現在（二〇一〇年代中盤）のＡＩテクノロジーの例をいくつか見てみよう。この中に汎用人工知能の端緒を見ることができるだろうか？　これらのシステムの改善や延長だけで汎用知能を達成できるのだろうか？　あるいは、ＡＩテクノロジーの本格的な離陸のためには、何か基本的なものが欠けていて、何か重要な材料を加えなければならないのだろうか？

まずはパーソナル・アシスタントという、身体を持たないＡＩの応用（アプリケーション）例から始めよう。前章において、身体化の重要性が強調された。しかし、われわれの文明に馴染みのある人工知能の多くの例は非身体的なものである。『２００１年宇宙の旅』に登場する狂ったコンピュータＨＡＬについて考えてみよう。ある意味では、あの映画の中の宇宙船はＨＡＬの身体だと考えることができる。明確に定められた実空間上の位置を持ち、連続的な時間の中で環境と相互作用するためのセンサーや作動装置も備えている。しかし映画の一場面で、地上の研究所での「幼年期」のＨＡＬが映され、その知能が宇宙船とは独立だという印象を受ける。われわれがそれを受け入れて信じたということは、非身体的ＡＩは概念として構想することが可能であることを示唆している。しかし、これは実際に可能だろうか？　そして、その実現は現時点からどのぐらい遠い先になるのだろうか？

AppleのSiri［ｉＯＳデバイスに内蔵］やGoogle Now［AndroidやｉＯＳデバイス用アプリとして提供］といったパーソナル・アシスタントは、音声認識の何十年もの改善の積み重ねの成果である。各ユーザーの事前の訓練を必要とすることなく、これらのアプリは雑多な背景音や、音声やアクセントの多様さにもかかわらず、普通の話し言葉をテキストに変えることができる。面白いことに、音声認識のタスクは多くの場合ユーザーのデバイス上では実行されない。生の音声ファイルがインターネットを通じてデータ処理センターに送られ、そこで音声認識が行われ、対応するテキストファイルが作られるのだ。だから感覚運動的な相互作用を通じて環境と関わらないという意味でこれらのアプリは非身体的であるのみならず、その処理と記憶もクラウドの中に散らばっているのだ。ではこのパーソナル・アシスタントは「いっそう」非身体的であるのだろうか？　そうではない。情報処理がすべて遠隔のクラウド上で行われながら、完全な実体を持つロボットのシステムも想像できるからだ。しかしこの点は注目に値する。

生の音声データをテキストに変換するのと並行して、パーソナル・アシスタントはユーザーが何を探してほしいのか、何をしてほしいのかを「理解」しなければならない。音声ファイルをどれほど完璧に変換できたテキストがあったとしても、これ自体が大変な課題である。しかし、膨大なサンプルのデータベースに基づいた、人々が言いそうなことの統計モデルを使えば、このタスクはより容易になる。この方法を使えば、質問や命令の頭の部分さえあれば、システムは最も確率の高い続きのフレーズを予測できるのだ。さらに、この予測はパフォーマンス改善のために音声認識の段階にフィードバックされ、ノイズや曖昧さによるギャップを埋めることができる。

ユーザーの発話が充分に解析されれば、システムはそれにどう対応するかを決めることができる。情報のリクエストなのか、それとも命令なのか。情報のリクエストだとすれば、会議の時間や友人の電話番号といったユーザーに関連する情報なのか、もしくは一般知識の事柄なのか。一般知識の問題であれば、システムはインターネットのあらゆるリソースをあたって、答えを探し出す。そして、何年も前から世に出ている音声合成技術（音声合成は音声認識よりはるかに容易に実装できる）を用いて、解答のテキストを音声ファイルに変換して、デバイスのスピーカーから言葉を出力する。

こうした技術は感動的ですらある。確かに、二〇一〇年代半ばのデジタル・パーソナル・アシスタントの会話能力は限られたものだ。ディナーパーティに招待したいほどの代物ではない。しかし一世代前ならば、この程度の技術でもナイーブなユーザーをして、人工知能というSFの夢はもう実現しそうだと思わせただろう。そして今日、その仕組みをわかっていたとしても、パーソナル・アシスタントの能力には何やら不気味なところがあり、本物の知性の予兆めいている。であれば、何が足りないのだろうか？　この不気味な感覚、この知性の予兆のようなものを根拠の充分な確信に変えるには何が必要なのだろうか？

3・2　世界を知ろうとする

このようなデジタル・パーソナル・アシスタントの主な欠点の一つは、その質疑応答の能力にもかかわらず、世界に対する本当の知識を持ち合わせていないことだ。例えば、彼らには固体物や空間関係についての常識的な理解が欠落している。このため、どれほどインターネット上の蓄積が広大でも、ネット上で直接の答えが見つからない単純かつ想定外の質問に立ち往生することがある。例えば、次の設問を考えよう。「ネズミの尻尾を掴んで逆さまにぶら下げたら、その鼻と耳のどっちが地面に近いか？」　子供でも、こんな些細な謎は、実際にネズミをぶら下げてみなくても、そのような写真を目にしていなくても、簡単に答えられるだろう。なにしろ、人間には状況を可視化させ、行動の結果を予想する汎用的な能力、つまり遭遇したこともない状況を扱う能力が備わっているのだ。

日常物理学は人間（や一部の動物）がうまくマスターした分野の一つで、基本的な原理を理解することによって、見たこともないような問題の解決を可能にする。もう一つの類似する分野として日常心理学がある。他人には信念、欲望、意向などがあり、無生物のようには振る舞わないものだ。人間はこうしたことを理解し、この理解を駆使して計画を立て、コミュニケーションを行い、時には裏切りもする。日常物理学と日常心理学というこの二つの分野において、人間の理解力の深さは、固体物や他者の精神といった基本的な抽象概念のセットに依拠している。

人間のこのような能力の基にある神経メカニズムはまだ充分に究明されていないが、これらの能力は部分的には先天的なものであり、進化の賜物だと思ってもよい。明らかに、固体物や他人は常にヒト科の生活の中で大きな地位を占めてきた。これらに対処する汎用的なメカニズムはそのために選択されなければならない。したがって、固体物の概念は産まれたときには明らかではないとしても、新生児の脳がそれを獲得するようにしむけられていないはずがない。それでも注目すべき点は、人間には、整数やお金という概念のように、進化の過程で前例がなく、少なくとも「固体物」や「他者の心」と同じくらい抽象的な新しい概念を獲得する能力も備わっているのだ。

こうした汎用的な能力、つまり日常物理学や日常心理学のように重要な常識分野の把握、そして全く新しい抽象概念を獲得する能力はいかにして機械に付与できるのだろうか？

一つの答えはもちろん生体脳の複製だが、これについてはすでに詳しく検討してきた。他にもいくつかの可能性がある。日常物理学に関して言えば、その可能性の一つは、バーチャル身体化の文脈でも簡単に触れた、コンピュータ・ゲームに使われている物理エンジンの使用である。物理エンジンは（ネズミのパーツのような）物体のどんな形状をも成形し、その力学をシミュレートできる。

もう一つのアプローチは、形式言語で表現され、常識的な物理法則のセットに基づいた日常的な事象の論理的推論を行うシステムの構築である。例えば、このシステムには、支えのないものは下へ落ちるというルールを表現する命題があり、脆弱なものは地面にぶつかると壊れるという命題も含まれているとしよう。これらから、倒れたワイングラスは転がってテーブルから落ちると割れるという結論が導かれるはずだ。この論理に基づく方法は、日常心理学のような他の分野にも適用でき、例えばテーブルやワイングラスの形に関する不正確な情報も許容できるという、物理エンジンより有利な点もある。

しかし、物理エンジンも論理に基づくアプローチも人間の設計者が提供する概念の枠組みに依存する。あるロボットの環境（周りのものの表面）に関する情報は、動き回りながらセンサー（カメラ、触覚センサーなど）のデータを集め、そのデータを処理に適する形に変換することで得られる。しかし、いずれのシステムでも、予測能力に不可欠である固体物という概念そのものは実世界との相互作用では生まれない。それは最初からシステムに組み込まれるのだ。こうしたことは、（日常物理学のような）普遍的に重要な専門能力のためには受け入れられるかもしれないが、本当の汎用知能ならば、前もって知ることができない世界に対処するために、抽象的な概念を自ら発見（もしくは発明）できるようにならなければならない。

3・3　機械学習

そこで機械学習というトピックが登場する。機械学習は人工知能研究が始まった当初から活発に研究されてきた下位分野の一つだ。二〇〇〇年代に入ってから、この分野は大きな進歩を遂げたが、それは計算能力と記憶容量の増加、そして理論的な進歩と新しい学習アルゴリズムによるものだった。このことはオンライン・マーケティングのような機械学習の新たな商業的応用を切りひらき、商品の推薦や宣伝をして、より効率よくターゲットを定めるための顧客のプロファイル作りに役立っている。これを行うために、機械学習システムは買い物やブラウジングの習慣を網羅した大きなデータベースに基づいて顧客の行動の統計モデルをはじき出す。このようなモデルを用いれば、ほんのいくつかの買い物やブラウジング履歴から、システムは顧客の好みを予想できる。

一般的に言って機械学習とは、所与のデータ群について説明を行うモデルの構築と、それを使ってさらなるデータの予測を行う手法である。例えば、私があなたに5、10、15、20と一連の数字を提示したうえで、次に何が来るかと訊ねたとする。おそらくあなたは一連の数字は5の間隔で増えているとの仮説を立てて、次に来る数字は25、30、35だと予想するだろう。もしデータが実世界に由来するものであれば、そのデータにはノイズが多く含まれるだろう。したがって、機械学習アルゴリズムは**不確実性**に対処できるものでなければならない。ある移動型ロボットが静止状態のときに大きな物体が接近してくるとしよう。彼のセンサーの一連の検知では物体との距離は24・9センチ、20・1センチ、15・1センチ、9・9センチと、刻々変化していく。そこでロボットは、物体との距離はセンサーの検知ごとに約5センチ縮まるとの仮説を立て、次の検知の際には10パーセントの誤差で5・0センチになると予測する。さあ、回避行動をとるぞ！

これらの些末な例では、パターンを見つけるのは簡単だ。しかし、一つの数字ではなく、各データ項目に一〇〇〇個もの数値があると仮定しよう。このような高次元データからパターンを見つけ出し、モデルを立て、予測するのはかなり困難だ。実際、その難しさは一〇〇〇倍どころではない。これは**次元の呪い**という用語で知られている。幸いにして、データが既知の統計的規則性を示す限りではこの次元の呪いは解消できる。例えば、問題となるデータがあるビデオの一連のフレームだとする。この場合の統計的傾向としては、次のようなものが考えられる。(1)一つのフレームの中の一つのピクセルはその隣りのピク

もしデータが実世界に由来するものであれば、
そのデータにはノイズが多く含まれるだろう。
したがって、機械学習アルゴリズムは
不確実性に対処できるものでなければならない。

セルと近い値を持つ、(2)このピクセルは次に続くフレームにおいても近似する値を持つ。

このような統計的規則性はしばしば、データの基である実世界の基本構造の現れである。カメラ付きの移動型ロボットの場合、世界は一種の「なめらかさ」を示す。実世界は、不連続な縁《ふち》が比較的少なく、均一な色が続く部分で多く占められる表面の固体物で満たされている。学習システムの設計段階で、実世界の構造に関するいくつかの想定（三次元空間の属性やその中での固体物の多さなど）を組み込むことはできるが、それでも、実世界の構造の大半や、その内容物とそれらの挙動などは発見していかなければならない。

だから、実世界のモデルを作って、受信するデータの予測を学習するという作業は、そのデータの次元を削減するように**圧縮**する方法を見つけるという難題を含む。例えば「動物」「木」「人」といった概念やカテゴリーに記述し直すのである（これは言語コミュニケーションの有用な基礎にもなる）。しかし、高次元の感覚データを直接このような高レベルのカテゴリーに縮減することはできない。低レベルの特徴が先に抽出されるような階層的アプローチが必要になる。反復される低レベルな視覚的特徴の表ができあがれば、アルゴリズムはこれらの特徴を組み合わせてより高いレベルの特徴を作る仕組みを学習できる。この多層的なアプローチこそがいわゆるディープラーニング（深層学習）の最大の特質である。

例えば、ある学習アルゴリズムが、大量の顔の画像が格納されている大規模データベースに投入されたとする。ある顔の存在は明暗のはっきりした形の、特定のパターンによって示されるだろう。これらは、われわれが目や鼻や口と呼ぶ特徴に符合するかもしれないし、そうではないかもしれない。機械は人間の言語カテゴリーに制約されない。機械が選び出す低レベルで統計的に有意な視覚的特徴は必ずしもそのまま言語的記述に一致するとは限らないのだ（生体脳の視覚認識についても同じことが言えるが、人間の場合は言語野のトップダウン的な影響に左右される）。

一度データの低レベル統計（繰り返される小規模な視覚的モチーフ）を学ぶと、学習アルゴリズムはこれらのモチーフのいくつかの組み合わせが頻繁に起こることを学ぶこともできる。その組み合わせの一つがわれわれが顔と呼ぶものと符合するだろう。もう一つの組み合わせ（ひげ、毛皮、とがった耳など）はわれわれが猫と呼ぶものに符合する。他方で、猫はよく小さな人間に抱っこされるのを見かけるので、アルゴリズムは「子供と猫」の組み合わせを取り出すかもしれない。繰り返しになるが、機械は人間的な概念やカテゴリーにではなく、データの統計に制約されるのだ。

ここまではとりあえず順調だ。機械学習アルゴリズムが**静的な**データをどう扱うかを見てきたが、われわれが最終的に興味を持つのは世界の**動態**だ。先ほど静止画像のデータベース内に物体のカテゴリーを発見するシステムを検討したが、ビデオのアーカイブならどうだろう？　どのみち、身体化した学習システムが予測能力を獲得するには、動画（つまり受信する感覚データの間断ない流れ）に取り組まなければならない。さらに、満たすべき動因と達成すべき目標を持っているＡＩであれば（特にそれがマウスの場合は）、猫がはっきりした**挙動**を示すものであり、かつその挙動がそのＡＩの動因と目標に関連する限り、実世界の背景から猫の存在を取り出す価値があるのだ。

例えば、この学習アルゴリズムが「毛糸」というカテゴリーと「猫」というカテゴリーを習得したならば、「猫はよく毛糸を追いかけるものだ」と学ぶまでの道筋はすでに半ばを過ぎたことになるだろう。繰り返すが、機械学習アルゴリズムがこのルールを表現するときは、人間の言語の文章のようなものになるのだと誤解してはならない。むしろ、それ自体が同じような数学的方法で表現される、頻繁に発生する視覚的特徴の動きの統計値を捉えるデータ構造に含まれるパラメータ値の集合となるはずだ。しかし、適切に作られた機械の場合であろうと、この事実を学んだ人間であろうと、結果は同じである。この学習アルゴリズムは例えば、獣医に連れていく猫をバスケットに誘い込む計画を立てるために最適な位置にＡＩを配置しようとするだろう。

3・4　ビッグデータによる人工知能

ここで一度、復習をしよう。ここまで検討してきたのは、実世界の統計を学び、ラベルなし［人間による分類ラベルがついていない生のデータの状態］のマルチモーダルなデータの流れから物体の階層的なカテゴリーと挙動を発見し、これらのカテゴリーを用いて、データを予測に役立つ数学的記述に縮約できるアルゴリズムについてだった。このような機械学習アルゴリズムが有益なテクノロジーとなることは容易に想像できるだろう。しかし、汎用人工知能の実現にどれほど貢献できるのだろうか？

次のような段階を踏んで作られたＡＩを想像してみよう。先述したような学習アルゴリズムが検索エンジンのようにインターネットを徘徊し、そこで見つけた何十億もの画像、何千万ものビデオから統計値を吸いとるとする。人類は日常世界から驚くべき大量のマルチメディア・データの宝庫をつくり、ネット接続ができる誰もが（または何物もが）アクセスできるようにした。ネット上のどこかに、愛しあうキリン、宙返りをする飛行機、ポテトを栽培するインド人、自転車を修理する中国の女性、戦争、役員会議、建築現場、何もしない可愛い猫などのビデオクリップが見つけられる。およそ想像がつく限りのあらゆるものを誰かがビデオにしてネットに流しているだろう。

ソーシャルネットワーキングが持つクラウドソーシングの力のおかげで、この膨大な公開データの宝庫は急激に拡大している。しかもその大半は単なる生の感覚データではない。ほとんどの画像やビデオは位置、時間、日付といった情報を伴い、物やイベントを記すタグも併せ持つようになった。（ゴミ箱、冷蔵庫、キー・リングなど）ますます多くの日常品がネットにつながるようになるにつれて、日常世界やそこに住む人間や動物の挙動について、より大量の情報を集めることが可能になった。

　強力な機械学習アルゴリズムをこの巨大なデータの宝庫に適用すると、システムの予測精度はどれだけ向上するのだろうか？　なぜシステムは身体を持たなければならないのだろうか？　他者の身体的活動のマルチメディア記録の巨大なデータベースがあるのに、なぜ実世界と直接相互作用する必要があるのか？　コンピュータに日常世界への常識的な理解を付与する難しさは長い間、汎用人工知能の達成への主な障害だと見られてきたことを思い出そう。非身体的ＡＩは擬似的に常識を獲得できるかもしれない。しかし、このようなシステムはどれだけ人間レベルの人工知能に近づけるのだろうか？

　そう、言語はどうなるのだろうか？　言語は人間行動のかなり重要な一面であり、人間の言語能力と肩を並べるようにならない限り、人工知能が人間レベルに達したとは決して言えない。二〇一〇年代半ばのデジタル・パーソナル・アシスタントはすでに不気味なほどユーザーが何を言おうとするかを予想できている。しかし、これらのシステムが認識した文字、解析した文章、はじき出す解答などを本当は理解していないことも明らかだ。パーソナル・アシスタントが使う記号は実世界との相互作用に基づいたものではないので、「ネズミの尻尾を掴んでぶら下げたら、その鼻と耳のどちらが地面に近いか？」という想像と常識の組み合わせを要する目新しい質問をぶつけられた途端、その不充分さが際立ってしまう。

はたして、どんな強力な機械学習を使っても、われわれはこのような制限を超えられないのだろうか？　それでも、言語は別の形の行動にすぎない。言語が、例えば群衆の動きのパターンや庭園の植物の群生のパターンなどよりも、力ずくの統計的機械学習に適さない理由があるだろうか？　問題に対して充分なデータと計算を行いさえすれば、機械学習は関連する統計のモデル化を上手に行って、確かな予測を立てることができる。キオスクを離れたこの人はどこへ行くのか？　あの木の左側の葉はどのような形をとるのか？　この人の言ったことにあの人はどう答えるか？　忘れてはならないのは、われわれが目指す学習システムは今日のデジタル・パーソナル・アシスタントと比べて、たとえそれが多少使い古され、寄生的なものであっても、経験や実世界との身体的な相互作用に実際に基づいた言葉を含む、はるかに大きなデータセットに依拠するものであるということだ。

例のネズミをぶら下げる事例はどうだろうか？　われわれのＡＩは仮説的で、反事実的で、想像上の事象にも対応できなければいけない。このことは求められる機能性の基本部分である。しかし、充分な予測能力を備えた、適切な世界モデルがあれば、仮説的シナリオでこのモデルを初期化する手段、つまり想像上の物体をこのモデルに投入する方法さえあれば事足りるのだ。後はモデルの予測能力が引き受け、何百万ものぶら下がっている物体のビデオ、何千万ものさまざまなポーズや行動をするネズミの画像と動画、何十億ものあらゆるアングルの耳と鼻の例などを一般化すればよい。

例えば数学はどうだろうか？　はたして、数学を扱う能力を獲得できる単純な統計的学習システムはないのだろうか？（哲学科の学生なら経験論と合理論との議論のこだまを聞くだろう。）われわれは、固体物や三次元空間のようなさまざまな生得的なカテゴリーと概念をシステムに提供する選択肢を除外していない。ここには数の概念も含むことができる。しかし、それがはたして必要かさえ明らかではない。たぶん学習アルゴリズムが自ら数の概念を発見するには、小学校の算数の授業記録を大量に処理すれば充分かもしれない。学習アルゴリズムがそうやって処理する生データの膨大な量の持つ意味や、その結果としてシステムがどのような驚くべき結果を導き出すかということは想像するのが難しい。

二〇〇九年に、グーグルの三人のコンピュータ科学者が「データの不合理な有効性」と題した論文を執筆した。[★1]このタイトルは機械学習における、ある意外な現象を指すものだ。この論文によれば、一兆個の項目を含む**乱雑な**データセットを使う機械学習は、わずか一〇〇〇万個の項目しか入っていない**クリーンな**データセットを使う機械学習が全く役に立たないような作業（例えば機械翻訳）に対して非常に有効になりうるという。一〇〇〇万というのは大きな数字なので、これは意外な結果だ。一〇〇〇万もの例が入っている訓練セットでうまくいかないような学習アルゴリズムなら、直観的な結論としては「一兆個の乱雑なデータセットでも」全く動かないということになるだろう。ところが、コンピュータの性能向上につれて、それだけ多くのデータを保存し処理できるようになってからわかってきたことだが、大体の場合においてはより大きな訓練セットがあればよいのだ。

ここでの教訓は、ゼロから構築され、生体脳とはかなり異なった原理で作動する人工知能に出くわしたとき、われわれは驚かされることに備えなければいけないということだ。特に、もしあるＡＩシステムが直観的には把握できないほど大量のデータと高速な処理速度に頼っている場合、それはおそらくわれわれが完全に理解できない方法で、われわれが想定もしていない問題を解決するようになるだろう。要するに、人間レベルのＡＩは人間らしくなくてもよいのだ。そして、人間レベルのＡＩでさえ不可解なのであれば、あらゆる知的分野で人間と競合するのみならず、あらゆる領域で人間を出し抜くことができる超知能ＡＩを予測し、制御しようとわれわれは望むことなどできるのだろうか?

3・5　最適化と不確実性

もちろん、予測能力だけが汎用人工知能を構成するわけではない。むしろ、各種の世界モデルを作り、そのモデルを使って予測をする能力は何か別の目的のための手段となる。動物の知能はその動物の行動の中に表れ、目的意識を表す。それは飢餓や恐怖といった動因である場合もあれば、食料を獲ることや家に戻るという、これらの動因を補助する目標を立てることもできる。その動物は世界に作用することによって目標を達成し、なおかつ

人間レベルのＡＩでさえ不可解なのであれば、
あらゆる知的分野で人間と競合するのみならず、
あらゆる領域で人間を出し抜くことができる
超知能ＡＩを予測し、制御しようと
われわれは望むことなどできるのだろうか？

賢ければ、これらの目標達成のための予測を行うだろう。ネズミが木の切り株の後ろに消える様子を見た猫は、そのネズミが再び姿を現すのを予期して、辛抱強く待つだろう。身体化された汎用人工知能の予測能力もこれと同様に、目標と動因を補助するものだと期待してよいだろうし、それなりの目的意識を表すだろう。われわれがロボットに汎用的な知性が備わっていると認めるのは、荷物の配達、調理、外科手術というような目標を立てて達成する能力がある場合のみだろう。

非身体的なＡＩの場合はどうだろうか？　たとえその用途が単に質問に答え、アドバイスをするだけであっても、汎用人工知能と認められるためには、システムは予測を立てる以上のことをしなければならない。それ自身は世界に直接作用することができなくても、さまざまな目的を達成するためにはどうすべきかを考える力が不可欠だ。このシステムはさまざまなことを求められるだろう。儲かる投資計画を作成する、大規模な建設プロジェクトを企画する、より良い薬や、より大きな飛行機や、より速いコンピュータを設計する、などなどだ。その知能が本当に汎用であれば、知的な人間同様に、こうした仕事の一部（もしくは全部）あるいは他の多くの仕事をこなせるように訓練することができる。

それでは、身体的であっても非身体的であっても、ある機械にこれらの難しい仕事をさせるには、予測能力と共にあるいはそれ以上に何が必要となるのだろうか？　ＡＩは一連の行動を**計画**しなければならないが、計画性に長けるということはすなわちある種の**最**

適化に長けるということだ。実際、最適化は、汎用人工知能をゼロから構築しようとする現代のアプローチの中心的な課題である。計画性だけではなく、ある種の機械学習やコンピュータビジョンのさまざまな側面、または人工知能に関連する多くの問題は、最適化問題として捉えることができる。したがって、この概念は少し詳しく掘り下げてみる価値がある。そこで**巡回セールスマン問題**［原文は「セールスパースン」だが、日本での慣例に従って「セールスマン」とする］を扱おう。

ある旅行者（またはセールスマン）がいくつかの都市を回って家に帰るという課題に直面しているとしよう。この人は各都市を一度だけ訪れて、スタート地点に戻らなければならない。選ぶ順序によって全体的な旅行時間が影響を受けるが、必要以上に長くは旅したくない。この人はサンフランシスコに住んでおり、ニューヨーク、ボストンとサンノゼを訪れなければならないとしよう。サンフランシスコとサンノゼは隣町だが、ニューヨークとボストンとは遠く離れているため、サンフランシスコからニューヨーク、サンノゼ、ボストンの順で回って、またサンフランシスコに戻るのは意味をなさない、最適とは呼びがたい案だろう。ニューヨークのすぐ後にボストンに行けば、旅程は短くなる。ここでの課題は最適な案、各都市を回る最良の順、つまり全体旅行時間が最短になる順序を見つけることだ。

この巡回セールスマン問題は最適化問題の一例である。一般的に、その課題は費用関数を最小化する（または同等に、いわゆる効用関数や報酬関数を最大化する）ための、何らかの数学的に明確に定義された構造を見つけることだ。この場合の数学構造とは各都市の順番であり、費用関数は全体の旅行時間である。訪れる都市の数が少ない場合は問題はそれほど難しく見えない。しかし、多くの最適化問題と同様、巡回セールスマン問題は規模を拡大するとうまくいかない。ここでは詳細に入らないある数学的な意味で、問題の難易度は都市の数に比例して指数関数的に上がるのだ。

このことが意味するのは、都市の数が増えれば、従来型の最も速いコンピュータの最も高速なアルゴリズムでも、合理的な時間内に最適な解答を見つけるのに苦労するということだ。ところが、都市の数がかなり多くても、良い解答を見つけるアルゴリズムも存在する。もっとも、こうしたアルゴリズムが見つけるのは必ずしも**可能な限り最善な**解答とは限らない。これはむしろ好都合である。というのは、巡回セールスマン問題は単なる知的興味以上の問題であり、多くの実際の応用があり、通常は良い解答さえ見つかれば充分だからだ。

汎用人工知能に戻る前に、もう一つ良い解答さえあれば充分という最適化問題を考えよう。旅するセールスマンの代わりに、主人公はうちの猫トゥーティーだと仮定しよう。眠りから目覚めたトゥーティーのタスクは、各都市を回るのではなく、（隣家の台所とか）食べ物を見つけやすい近所の場所を訪れることだ。もちろんいろいろな場所を回るにはエネルギーが要るので、彼は費やすエネルギー量を最小化したい。同時に、食べ物の摂取を最大化したい。悩ましいことに、ある場所に辿り着いたときに食べ物が見つかる保証はない（隣家の猫に先を越されるかもしれない）。それでも、過去の経験に基づいて、トゥーティーは、ある特定の場所で食べ物が見つかる**確率**を「知っている」のだ。

そこで、トゥーティーの仕事は彼の**期待報酬を最大化する**ように各探索場所を巡回する計画を立てることだが、毎回の巡回で得られる報酬は、食べ物の摂取量の合計と彼が消費するエネルギー量の関数だ。巡回セールスマン問題と違い、この巡回はすべての場所を含む必要はない。したがって、遠くてあてになりそうもない場所を除外するのも良い戦略かもしれない。さもなければ、この最適化のタスクも「巡回セールスマン問題」によく似てしまい、少なくとも計算量的には同程度に難しくなる。ここでの主な追加要素は**不確実性**である。トゥーティーがどんなに良いプランを立てたとしても、どれだけの食べ物を得られるかの保証はなく、運が悪い日には何も入手できないことさえあるのだ。

しかし、不確実性は人生の現実だ。どんなに賢い機械学習アルゴリズムでも、正しい判断を必ず下せるような予測モデルを作ることはできない。その代わり、有限で不完全なデータを前提に、われわれが望める最善なものは、最もありそうな結果を予測できる**確率モデル**である。このような確率モデルを前提にしたとき、選ぶべき最適な行動は**期待報酬**を最大化してくれる行動だ。しかし、ここまでわれわれが取り組んできたのはよく定義されている最適化のタスクである。不確実性は数学や計算の限界を超えさせてくれるわけではなく、単に確率論という数学の一分野に導いてくれるだけだ。

3・6　普遍人工知能

言うまでもなく、本物の猫はこのたとえ話に出てくるような行動はしないだろう。本物のトゥーティーは何も食べずにうろつき回りながら食料の確率モデルを作り、自分のカゴに戻って最適ルートを解いたりはしない。環境によく適応できている他の動物と同様に、猫は漁りながら学習し、学習しながら漁るのだ。世界を探索する仕事とその資源を利用する仕事は一つにまとまっている。これこそが正しい戦略、合理的な戦略である。このさき明らかにしていくが、機械学習と最適化を組み合わせた同様の戦略は、汎用人工知能の良い基礎となる。

多様な状況におけるさまざまな行動のどれが最も効率的かを試しながら期待報酬を最大化するタスクはＡＩ研究者のあいだで**強化学習**として知られている。巡回セールスマン問題もエサを探す猫問題も最適化の個別の例だ。それがどんなに高速であろうとも、巡回セールスマン問題しか解決できないようなアルゴリズムは汎用人工知能をつくれない。それと対照的に、強化学習とその中心となる期待報酬の最大化という概念は特定の問題に縛られるものではない。実際、われわれはこの考え方に基づいて一種の**普遍人工知能**（Universal Artificial Intelligence）の姿を明示できるのだ。[★2]

マーカス・ハッターが初めて明示した普遍人工知能の理論的アイデアは、アラン・チューリングのコンピュータ科学への最も大きな貢献の一つである**万能計算**（universal computation）のアイデアと似ている。万能計算機とは、適切なプログラムさえあれば計算可能な、あらゆるものを計算できる計算機である。チューリングの功績は、このようなコンピュータのアイデアを数学的に突き止めたことだ。（チューリング・マシンとして今日知られている）チューリングの抽象的な計算装置と違い、実際のコンピュータは有限のメモリーの制限を受ける。それでも、今まで作られたどのデジタル・コンピュータも理論上は計算可能なあらゆるものを計算できる能力を持っており、その一般性をチューリングの数学的規定から受け継いでいる。

これと同様に、普遍人工知能とは、どのような世界にいようとも、得られた限りの情報に基づいて、常に期待報酬を最大化する行動を選ぶ人工知能だ。これはいわば完璧なＡＩであり、その決定はまず間違いなく受信データに基づいて為される。チューリングの万能計算の概念と同様、このアイデアも数学的に正確に表現できる（ここでは詳細には触れない）。またチューリングの概念と同様、この数学的な理想は実用化できないものだ。むしろ、チューリングの概念が計算という考え方そのものの理論的限界であるように、これは人工知能という考え方そのものの理論的限界となるものである。

このように実際上は不可能ではあるが、普遍人工知能の形式的な考えは単なる数学者の遊び以上のものだ。まず、これに近いもので、実際に実現可能なものがある。しかし、ここでの議論にもっと関連がある知見としては、ハッターの数学的解析からすると、汎用人工知能はある単純な汎用アーキテクチャに一致するという点がある。このアーキテクチャは次の二つのプロセスを組み合わせたものだ。世界の確率論的予測モデルを作る機械学習、そしてこれらのモデルに基づいて期待報酬を最大化する行動を見つける最適化である。★3

この二つの要素から成る設計図には幅広い応用可能性がある。実際、この構造を使えば、人工的か生物的かを問わず、いかなる知的エージェントでも分析できる。ここでは三つ（または三組）の設問が必要となる。まず、エージェントの報酬関数は何か？　この問題への答えから、このエージェントがどう行動する確率が高いのかということがかなりわかるようになる。二番目に、このエージェントはどのように学習するのか？　どのようなデータを使うのか、どのような学習技術を使うのか？　そして、世界のどのような予備知識が組み込まれているのか？　三番目に、このエージェントは期待報酬をどのように最大化するのか？　この最大化を行うのに使う最適化技術はどれだけ強力なのか？　どのような問題の解決に長けているのか？　そして、どのような弱点や限界があるのか？

複雑な行動を試行錯誤によって、かつある程度革新的な問題解決を学べる人間以外の動物（例えばカラス）を見てみよう。その報酬関数は何だろうか？　どの動物でもそうだが、カラスの報酬関数は、危険や不快感を避けながら食料や水のようなリソースの獲得を優先するものだ。これらはシンプルな需要に見えるが、食料入手への障害という形で、予測できないほど複雑な問題にぶつかることもある。

例えば、カラスの認知能力をテストする研究者が、そのカラスに虫の入った箱を見せ、そのフタはパズルを解かなければ開かないことになっているとしよう。飛び抜けて賢い動物であるカラスはこのように提示されるシンプルな計画問題なら解決できる。しかし、同じ形式でより難しい問題もありうる。例えば、フタを開けるのにチェスゲームに勝たなければならない不幸なカラスの場合もあるかもしれない。このカラスは間違いなく飢えることになるだろう。要するに、食べ物のような資源を入手する課題は**普遍的な報酬関数**として捉えることができるのだ。複雑な環境において、簡単な資源を入手する課題として解釈できる種類の問題は無制限にある。

ここまでが第一の設問、つまり報酬関数の問題である。次に問われる問題はカラスがどう学習するのかという点だ。カラスは物理的世界との身体的な相互作用によって、その感覚を通じてなだれ込むデータから学習する。世界はさまざまな形や動きに富むたくさんの生物や無生物を明示する。押したり、突いたり、鳴いたり、またはほったらかしにしたときに、これらの存在がどういう挙動をするのかをカラスは学ぶ。カラスがどう学習し、この学習プロセスがどのような神経的な基盤に基づいているのかはまだ答えが出ていない科学的問題だ。それでも、動物認知の研究者たちによって、カラスのような動物がどのような関連づけを行えるのか、どのような感覚の識別が可能なのか、などということについてはすでにかなりの知見が提供されている。

カラスは、その期待報酬を最大化する行動を見つけるのにどれだけ長けているのか？この点において、カラスはほとんどの他の動物より優れている。カラスには道具の使用を含む豊富な基本的行動のレパートリーがある。これらの行動は、進化の過程がカラスの報酬最大化能力のために世界についての有益な予備知識をもたらした結果としての、生得的な刺激反応行動の基礎を成している。しかし、カラスは単に刺激とその反応の対応表を検索する（道具の使用のためでさえもこれで充分である）以上のことができる。彼らは（例えば新しい道具の製作というように）時には新しい種類の挙動を発明して、未知の問題を解決するための一連の新しい行動を獲得することができる。この能力の神経基質についてもまだ解明を待たねばならない。しかし、それが何であろうと、カラスの最適化手法は、少なくとも他の（人間以外の）動物と比べて、ごく普通のことで、かつ非常に強力のようである。

以上のことは、カラスの能力と限界について多くを物語っているし、その挙動の予測にも役立てることができる。例えば、カラスがゴミ箱をひっくり返して食料を漁ることをわれわれは知っている。しかし、同じカラスが銀行口座をハックして、われわれの預金を盗むだろうと心配する必要はない。さまざまな人工知能の能力と限界をよりよく把握するためには、われわれは同じ質問をすればよい。異なる種類の報酬関数の帰結はそれぞれ何だろうか？　あるAIにはどのような機械学習技術を付与すればよいのか？　それはどのようなデータを扱うのか？　AIの期待報酬を最大化するにはどのような最適化アルゴリズムを使えばよいのか？

3・7　人間レベルの知能と人間に似た知能

チンパンジー、犬、象や他の多くの非人間動物と同様、カラスは非常に賢いが、人間よりははるかに劣る。動物レベルのAIは役に立つだろう。例えば、犬の知能を持つロボットはいろいろな有益な作業ができるだろう。しかし、われわれが本当に関心を持つのは人間レベルの汎用人工知能である。われわれが知りたいのは、ほとんどすべての知的活動において典型的な人間に匹敵し、そのうちのいくつかにおいては典型的な人間を超えるようなAIをどうすれば作れるかということだ。あるいはせめて、そのようなAIがどのように作動するのかについて充分な知見を得て、そのような機械が存在する未来がどんなものになるのかを想像したいのだ。そこから始めて、われわれは超知能AIの可能性、つまりあらゆる知的活動の領域で人間を**出し抜ける**人工知能の可能性を考え始めることができる。

われわれが想定しているのが人間レベルのＡＩか、超知能のＡＩかを問わず、先述の三つの質問を問いかけなければならない。そのＡＩの報酬関数は何か？　そのＡＩは何をどのように学習するのか？　そのＡＩはどのようにして期待報酬を最大化するのか？　しかし、この想像上の作業に入る前に、同じ質問をホモ・サピエンスにも投げかけなければならない。まず、人間の報酬関数は何か？　われわれは確かに他の動物たちとほぼ似たような基本的な報酬関数を持っている。食料と水を必要とし、苦痛を避けようとしたり、セックスを楽しんだり、などなどだ。それに、カラスと同様、人間の報酬関数も普遍的である。理論上はいかなる知的な挑戦も、例えば食料の獲得やセックスの追求という形で、人間に対して投げかけられる。しかし興味深いことに、人間はどうやら自らの報酬関数を根本的に改変することもできるようである。

ベルの音と餌の到着という二つの刺激を同時に繰り返し体験することで、その二つの出来事を関連づけるように学んだ有名なパブロフの犬の例のように、多くの動物は報酬と物や出来事を関連づけるように学習できる。最終的に、この犬は、餌がなくても、ベルの音を聞くだけでヨダレを垂らすようになる。このような条件づけは期待報酬の最大化に役立つものだ。競争的な状況では、ベルの音を聞いて餌の入った皿に駆けつける犬は、この関連づけを知らない犬よりたくさんの餌にありつける。しかし、このようなケースでは、基本的な報酬関数はさほど変化せず、生物的な原理にしっかりと基づいている。

人間の場合には対照的に、幼年時代から複雑な社会的手がかりや期待によって媒介され、積み重ねられた複層的な関連づけの数々は、報酬関数と生物学との明確な乖離を引き起こす。実際、人類の最も重要な本質の一つとして、生物学的な偶然性を超越する能力が挙げられるだろう。人間は音楽を奏で、詩を書き、庭園をデザインする。疑いなく、このような活動はしばしば、金銭的利益や社会的ステータスを目的に行われ、その動機は生物学的な必要性で説明できる。しかし、時によっては、これらは良い生活について熟考した結果であり、食料の入手や危険の回避といった明らかに進化論的な価値の単なる代用物ではなく、それ自体が目的となりうるのだ。

このことはわれわれに対して、人間が世界をどのように学習し、その学習が他の動物たちとどのように違うのかという問題を提起する。答えは明白だ。人間の報酬関数の無制限性は社会、文化、そして何よりも**言語**によって可能になったものである。哲学、芸術や文学のように、われわれは言語によって人間の条件について熟考できる。このような熟考を抜きにして、われわれが実際にどのように生物学的な要求を乗り越えられているのかということは理解できない。そして、人間が互いに協力して技術を開発し、ある世代の技術的な成果をいとも簡単に次の世代に伝達できるのも言語のおかげだ。ということは、日常的な物理、自然、そして社会的な世界を学習する他にも、人間は言語を学習できなければならない。信念、欲求、感情といった他者の精神を理解するための素質こそが、この学習という営為を可能にしているのだ。

最後に、人間はどのようにして期待報酬を最大化するのだろうか？　ここでまた社会、文化、そして言語が重要な役割を果たす。人間の知能は集団的である。人間の技術は多くの個人の成果であるのみならず、数世代にわたる個人の成果でもある。知識、専門技量、インフラなどは層を成して重なっていき、各世代が前の世代の業績を基にして前進する。したがって、個々の人間の最適化能力は一つの社会の報酬の最大化に向けられる。個々人の報酬関数が素晴らしいものか、軽蔑すべきものか、またはその人が聖人なのか、罪人なのかなどということはどうでもよい。人間は、自分が置かれている社会を前提として、その社会の言語リソースに依拠しながら、求めているものを他者からどうやって引き出すかということをうまくやる必要がある。

集団的か個人的かは関係なく、人間の報酬最適化戦略のもう一つの重要な要素はその革新能力である（第1章で、汎用人工知能を実現するうえでの主な困難の一つがコンピュータに創造性を付与することだと言ったことを思い出してほしい）。農業、書くこと、印刷、蒸気機関、コンピュータなどの発明は人間の健康、寿命と福祉に大きく貢献し、長い時間尺度にわたって報酬の最大化に資してきた。健康と長寿を支えた他にも、人間の報酬関数は、性淘汰［進化生物学で、異性をめぐる競争によって起こる進化を指す］、社会的地位の競争、その他のすぐれて生物学的な要因によって形づくられてきた。その結果は、ダンス、儀式、ファッション、芸術、音楽、文学などに見られるような、どう見ても実利的とは言いがたい創造性の形式である。

それでは、ゼロから作られる人間レベルのＡＩはどのようなものになるのだろうか？　このようなＡＩは、人間に近づくために、例の三つの主要な設問（報酬関数、学習、最適化）に対してどの程度まで答えられるのだろうか？　そう、特定のＡＩが人間らしくなるとすれば、そのデザインと構造が人間の脳のそれと似ても似つかないものであっても、上記のパターンにおおまかにでも合致しなければならない。しかし、「データの不合理な有効性」で見たように、人間レベルの人工知能が人間らしくならなければならない理由など存在しない。このＡＩがほとんどの知的活動分野で典型的な人間に匹敵し、場合によっては超えることができれば、その知能は人間レベルだと言えるのだ。

ここに、人間にもたくさんのバリエーションがあるように、ＡＩにも多くのバリエーションを考える余地がある。数字に強い人もいれば、文字に強い人もいる。社交的な人もいれば、技術と向き合うのが好きな人もいる。同じように、ある人間レベルの汎用人工知能にかなり大きなワーキングメモリ容量や、高度なデータ・パターンの検索能力が備わっていたりしても、（ほとんどの人間と同様）価値のある小説を書いたり、新しい楽曲を考え出したりすることはできないかもしれない。しかし、もしある人工知能がただ人間に匹敵するだけではなく、あらゆる知的活動の領域で人間を出し抜く能力をも持っているとしたら、どうなるのだろうか？　そのような超知能の機械ははたして可能なのだろうか？　それを作ることはどのような結果を導くのか？　これらの問題について、次の章で検討する。

第4章

超知能

4・1　超知能へ

ここまで人間レベルもしくはその先のレベルの汎用人工知能の創造に貢献するさまざまな実現技術を概観してきたが、それらは生物学に触発されたものもあれば、ゼロから構築するものもあった。これらの実現技術を使って作れるものは、さまざまな形式の人工知能の基となる種々の組み合わせのための構成要素のセットとして捉えることができる。こうしてできあがるシステムに何が可能で、どのように振る舞うかを理解するためには、前章で提起した三つの設問を当てはめればよい。つまり、システムの報酬関数は何か？　何をどう学習するのか？　期待報酬のためにどのように最適化を図るのか？

さらに、もっと哲学的な設問をいくつか提起し始めてもよい。こうしたシステムは道徳的な判断ができるのだろうか？　そのために、自らの行動の責任を問われるべきだろうか？　苦しむことができるか？　そのために、権利を持つべきだろうか？　どれほどの行動の自由を与えるべきだろうか？　最終的には、このようなシステムを世界に導入することで、社会や人類全体にどのような結果が生じるのかを問い始めることもできる。もしＡＩたちの行動の自由が制限されないなら、彼らはわれわれの世界をどう作り変えてしまうのだろうか？　われわれの経済、社会の骨組み、人間とは何かという感覚に対してどのような影響が生じるのか？　その結果、どんな世界が生まれるのか？　このような機械の出現が行き着く世界はユートピアなのか、ディストピアなのか、それとも今とほとんど変わらないのか？

これらの問題の詳細に取りかかる前に、一つの非常に重要な命題を検討しなければならない。もし人間レベルのＡＩが実現したなら、超知能のＡＩもほぼ不可避であるという命題である。この主張の信憑性を検討するには、生物的ではなく、デジタルな基質を用いた実装の利点を考えればよいだろう。生体脳と違い、脳のデジタルなエミュレーションは任意に何回でもコピーできる。また、生体脳と違い、デジタル脳は加速できる。したがって、全脳エミュレーションで人間レベルＡＩを一つ作ってしまえば、後は充分な計算リソースさえあれば、超人的なスピードで作動する同じような多数の人間レベルＡＩのコミュニティを作れる。ゼロから作られるＡＩについても同じことが言える。実際、コンピュータ

生体脳と違い、脳のデジタルなエミュレーションは
任意に何回でもコピーできる。
また、生体脳と違い、デジタル脳は加速できる。

のプログラムとして作られたいかなるものもコピーまたはスピードアップができる。

この事実から予想される影響は広範囲にわたるだろう。その意味がより鮮やかに感じられる、次のような具体的シナリオを想像してみよう。有名ブランドネームの大企業が新興市場で予想される需要に応えるために、高性能オートバイの開発を決定したとする。そこで二つの自動車デザイン会社にプロトタイプを発注した。最も優れたプロトタイプは、製造段階に進み、そのデザイン会社に莫大な収入をもたらすはずだ。A社は人間のデザイナーで構成される伝統的なチームを使うが、B社はスタートアップであり、このような大規模デザイン・プロジェクトに取り組むためにバーチャル環境に置かれている人間レベルのAIの専門チームを作っている。

このプロジェクトには材料、エンジンの設計、流体力学、人間工学など多くの分野の専門知識に加えて、審美眼も必要となる。一流の（人間）チームでも、コンセプトから始まって機能するプロトタイプを作り上げるまでに二年はかかる。自動車設計の専門家がいないAI中心のデザイン会社は明らかに不利に見える。しかし、この会社には巨大な計算リソースと最新のAI技術がある。精鋭のデザイナーチームをゼロから組み立てるのはお手のものだ。

はじめに、同社はバーチャルな世界に、既製品の見習いAIを住まわせる。これは人間レベルの人工知能であり、二〇歳代前半の平均的な人間が積んだ経験に加えて、機械工学や工業デザインなどの関連分野での大学院程度の教育を実装したものだ。この時点で、この見習いＡＩたちはただちに自動車設計チームとして通用するわけではない。Ａ社の人間のライバルたちは全員、自動車、バイク、エンジンの設計といった領域で何年も専門的な経験を積んだ者ばかりだ。彼らに追いつくためには、このＡＩチームは同等の経験を獲得しなければならない。幸いなことに、彼らは個人もしくはチームとして、バーチャルな世界でこうした経験を積むことができ、数多のミニ・プロジェクトを完了することができる。

もしこの訓練が実時間で行われたら、当然、バーチャル・チームは成功しないだろう。ＡＩチームがスタートするより前に、人間のライバルたちが新しいバイクのプロトタイプを作ってしまうだろう。しかし、ＡＩたちが実時間より一〇倍速く作動できると仮定すれば、一〇年分の訓練と経験を一二カ月に短縮できる。二年目の初めには、ＡＩチームは人間チームに追いつくだろう。さらに、生物学的な制約のある人間チームにはあと一年しか残っていないのに対して、ＡＩたちには完璧なスーパーバイクを作り上げるまでにさらに一〇年間もの主観時間が残されている。有能で熱心な若い人間エンジニアたちが一〇年間で成し遂げられる成果を想像してみてほしい。

こうして、プロジェクトの二年目が過ぎ、各ライバルチームがそれぞれのデザインを提出する。伝統的なデザイン会社はターゲット市場に間違いなくアピールしそうな、流線形でエレガントな優れたバイクのプロトタイプを作った。一方、ＡＩベースのデザイン会社はどうだろう？　そのプロトタイプの覆いをとった瞬間、驚きの声が上がった。誰もこのようなバイクを見たことがなかったからだ。外見は革新以外の何ものでもなく、その仕様は信じられないようなものだった。これほど少ない燃費でこれだけの加速力とトップスピードを実現するのははたして可能なのだろうか？

コンペに勝った以上、ＡＩチームはその秘密の一部を公にできた。あれだけの時間があったので、彼らはオートバイ製造に完璧に適した斬新なバイオ材料と、それまで化学的に未知だった成果を使用した小型燃料再処理設備を開発したのだった。彼らはさらに新しい製造手法も編み出し、それを使えば、バイクの電子機器のすべてはその骨組みに組み込まれ、一体化したものとして一度に製造できる。これらのテクノロジーはすべて特許をとっており、バイクのデザインから得る収入に加えて、利益を会社にもたらす。

この小話の教訓は、人間レベルのＡＩが実現すれば、超知能はすぐ後にやってくるということだ。それには新しい形の知能を作る必要も、概念的ブレークスルーの必要もない。たとえ人間レベルのＡＩが最も保守的な手段（単純に自然をコピーすること）で実現したとしても、生物学的なスピード制限から解放されるだけで充分なのだ。しかし、はたしてこれは本当の超知能だろうか？　いずれにしても、仮説的ではあるが、一群の人間の脳の加速されたエミュレーションのチームが成し遂げられることを、充分な時間を与えられた人間のチームができないはずはないだろう。

あるいは、単体の超知能と集団的な超知能を区別してもよいだろう。前記の小話に登場したのは一種の**集団的な**超知能だった。ＡＩチームのメンバーは、**個別には**超知能の基準を満たしていない。どれも単独では、平均的な人間を系統立って出し抜くことはできない。しかし、超知能ＡＩ開発の潜在的帰結を検討する際に、単体か／集団的かという区別は重要ではない。コンペに負けたデザインチームにとって、自分たちを負かしたのが聡明な一個体ではなく、集団だったのだと知ったところで、何の慰めにもならないだろう。同様に、もし人間レベルのＡＩの開発によって、人類が最終的にユートピアまたはディストピアに導かれたとしても、その犯人が「真の」超知能かどうかを知ろうとする人はいないだろう。

　結局、肝心なことはテクノロジーに何ができるかということに尽きるのだ。ＳＦ作家のアーサー・Ｃ・クラークが「充分に進歩したテクノロジーは魔術と区別がつかない」と言ったことは有名だ。どのような形で達成されたとしても、人間レベルのＡＩはおそらく、われわれの目には魔術と区別がつかないようなテクノロジーを導くだろう。オートバイの話が示すように、より高速の計算ができれば事足りるのだ。しかし、この画期的な成果によって引き起こされる真に破壊的な可能性を見るには、人間レベルのＡＩの能力を向上させる他の可能性も考慮に入れなければならない。それらの方法はそれぞれの根底にあるテクノロジーの性質によって異なる様相を呈するだろう。後にゼロから作られるＡＩを通じて超知能の可能性について考えるが、その前にまず、脳ベースの人間レベルＡＩに集中してみよう。

4・2 脳ベースの超知能

オートバイ・デザイナーの物語の中でのAIチームは、単に超高速に働けることだけで、人間のライバルたちに対して大きな競争優位を示すことができた。その理由は要するに、このAIたちが脳のようなものだとすれば、彼らは実時間よりも速く作動するからだ。これは、計算基質への移行によって可能になった生物的制限からの解放を利用する最もシンプルで明確な方法である。生物学［的制約］からの移行によって、脳ベースの人工知能の能力拡張により多くの可能性が開かれた。

人間の労働者にとって、その動物としての本性がどれだけ妨げとなるかを考えてみてほしい。人間は食べたり、睡眠をとったりしなければならないが、生物学的にかなり高い忠実性を持つ全脳エミュレーション（ある脳の忠実な人工的コピー）は、このような必要から大幅に解放されるだろう。本物の脳は、神経にグルコースという形でエネルギーを提供するため、血液の補給が必要だが、シミュレートされた脳には、少なくともシミュレーションのレベルでは、その必要がない（明らかに、シミュレーションを行うコンピュータにはエネルギーが必要だが、これは別の問題だ）。睡眠の場合は、夢が重要な心理的機能を担うらしいので、より複雑だ。したがって、全脳エミュレーションにおいて、単純に睡眠の必要性を除去すれば済むわけではない。それでも、デザイナー脳（脊髄神経系の作動原理に基づきながらも、どんな生物種の脳にも当てはまらないもの）は睡眠が要らないように注意深く設計できるかもしれない。

要するに、脳ベースの人間レベルAIは食料を探したり、料理したり、食べたりすることに時間を費やす必要がない。また、睡眠という非生産的な活動に時間（あるいは、全脳エミュレーションの場合、同等の時間）をとられることもない。こうして節約された時間は仕事に充てることができ、その結果生じた実質的な仕事量の増加は、それほど劇的な規模ではないとしても、加速と同等のアドバンテージを生む。当然、ほとんどの人間は食事時間と睡眠を仕事に取って代わられることには反対するだろう。しかし、デザイナー脳の報酬関数は調整可能だ。食事も睡眠もとらず、仕事以外は何も要らないような自発的で知的な奴隷は、おまけに賃金も必要としないのなら、多くの企業にとって完璧な社員像となるだろう。

食事と睡眠の必要を除去することは生物学的制約からの解放を活用する直接の方法の一つである。脳ベースのAIを有効に活用する他の方法は容易に想像できる。多くの人間は認知パフォーマンスの増進にカフェイン摂取という昔からの薬物的手法をとっている。シロシビン（マジックマッシュルームの活性成分）のような幻覚剤は、その違法性は別として、創造性を増進させる効果があるとよく言われている。シミュレートされた脳においては、身体には不要な副作用を抜きにして、このような薬物の効能をもシミュレートすることが考えられる。さらに、物理的な薬物投与の必要もなくなる。無数の変更可能なパラメータをもってすれば、シミュレートされた脳の活動を調整することで特定の作業に最適化させる方法はいくらでも考えられるだろう。

より急進的な方向性として、マウス規模の全脳エミュレーションを人間レベルの知能にアップグレードする方法を検討した第2章においても考察した線に沿って、解剖学的レベルでシミュレートされた脳を拡張する方法はいくつもある。例えば、ニューロンの数を増やすだけで前頭前皮質を拡大できるはずだ。脳を物理的頭蓋に入れる必要のないコンピュータ・シミュレーションではこれはわりあい簡単にできそうだ。前頭前皮質は高度な認知能力の主要構成要素であるワーキングメモリに密接に関わっており、人間は他の霊長類よりも明らかに大きな前頭前皮質を持っている。したがって、超人的に大きな前頭前皮質があれば、認知能力上はかなり有利になるだろう。同じような拡張は、長期記憶に関わる海馬のような他の場所への適用も考えられる。

集団レベルでは、脳ベースの人間レベルＡＩのチームの能力をアップする方法は他にもある。生体脳と違い、シミュレートされた脳の複数コピーは簡単に作れる。これによって、生体脳では不可能な並列処理を活用するさまざまな可能性が開かれる。あるＡＩが何らかの問題解決に取り組む際に、いくつかの異なったアプローチがあるとしよう。ここで、可能性を一つずつ順を追って試すよりも、このＡＩのコピーをいくつか作って、それぞれがそれぞれの可能性に取り組めば、たくさんのアプローチを一度に探ることができる。すべてのコピーがそれぞれのアプローチを試し終わったところで、最も成功を収めたものを選べるだろう。

一つだけ例を挙げよう。あるＡＩがチェスをしているとする。盤上の配置から、このＡＩには三つの有望な手があることがわかる。ＡＩはそれらの手を一つずつ順に探ることができる。しかし、その代わり、それぞれの手を個別に調べるためにＡＩの三つのコピーを作ることもできる。三つのコピーがゲームの先をできるだけ遠くまで見通したら、導いた結果を出し合い、最良の手を選ぶ。そこでＡＩの余分なコピーは破壊（終了）されなければならず、一つだけが残り、採用された手を打ってゲームを継続する。このタイプの並列処理は今日のコンピュータ科学でも広く使われており、大きな成果を収めており、シミュレートされた脳の複数コピーを生成するアイデアは充分に施行されたプログラミング技術の延長線上にある。

脳ベースのＡＩでも、ゼロから作るＡＩでも、考えられる超知能の開発で最も可能性のある要素はたぶん**再帰的な自己改善**の見通しだろう。このアイデアは簡単なものだ。人間レベルのＡＩは、その定義からして、ほとんどすべての知的活動分野で人間と比肩するようになる。そうした分野の一つは人工知能の構築である。第一世代の人間レベル人工知能はそれを作った人間エンジニアたちと同程度の能力を持つはずだ。生物学的、人工的を問わず、双方のエンジニアたちは先に議論した技術を用いて、知能の拡張を図るだろう。しかし、次の世代のＡＩ、つまり人間レベルより少しだけ知能が高いＡＩとなると、どんな人間よりもＡＩの製造に秀でるようになるだろう。

充分に聡明な人間の神経科学者なら、斬新な理論の展望を開き、今日では想像すらつかないような原理を発見し、神経工学や脳ベースの人工知能に重要な影響をもたらせる。一方、超人的スピードで作動し、生物学的制約からの解放による可能性を活用する優れた人工知能の神経科学者のチームなら、さらに効率的となるだろう。このようなチームなら、人間の開発者が第一世代のＡＩを作ったときよりも高速に次世代の脳ベースＡＩを作れるようになるだろう。典型的な指数曲線に従いながら、それぞれ続く世代はその前の世代よりも速く生まれることになり、**知能の爆発**[★1]が引き起こされるだろう。

4・3　最適化と創造性

この章ではここまで人間に似た人工知能を主に取り扱ってきた。しかし、ＡＩの可能性の空間の中で、人間に似た知能はおそらくきわめて小さな一部分しか占めていない。ここから他の可能性に目を向けることにするが、その際に肝要なことは、ありとあらゆる擬人化への志向を捨て去ることだ。たとえその知能が加速され、並列処理され、または超知能へ拡張されたものであっても、脊椎動物の脳に基づいたＡＩの挙動がある程度われわれの理解の範囲に収まることを期待するのはもっともなことだ。しかし、ゼロから作られたＡＩの場合、このような期待を抱く理由はがぜん少なくなる。われわれは驚かされることになるだろうが、それは望ましい帰結かもしれないし、不快な結果となるかもしれない。

ゼロから作製され、その設計に生物学的なカウンターパートが含まれないシステムにおいて、超知能はどのように生じるのだろうか。第3章で紹介した三段階の枠組みに頼れば、この疑問に対する答えを垣間見ることができる。ゼロから人工知能を作る場合、この枠組みは単に記述的というよりも規範的なものになる。その規範によると、汎用人工知能の実現は、(1)正しい報酬関数を定めること、(2)世界モデルを作るべく、有効な学習技術を実行すること、(3)その学習されたモデルに見合った期待報酬を最大化しうる強力な最適化方法を展開することによって可能となる。

このようなシンプルな構造上の仕様で何ができるのかというイメージを掴むために、創造性という中心課題をもう一度見てみよう。まず、機械学習と最適化との組み合わせからいかなる革新や新規性が生じうるのかは想像しづらい。確かに、これらのプロセスは永遠に、決まった素材のセット（巡回セールスマン問題の場合は都市と旅行）と共に作動するように強いられている。このようなＡＩに、農業、書くこと、ポストモダニズムやパンクロックといった斬新な概念を考え出すことがはたして可能だろうか？　しかし、このような直観がどんなに誤解を招きやすいかを理解するには、自然淘汰による進化の例を考えればよい。

アルゴリズムの視点から見れば、自然淘汰による進化はじつにシンプルだ。その基本要素は、それぞれ無数に繰り返される複製、変異、そして競争である。計算的な表現を使えば、進化の過程は驚くほど大規模な並列処理を利用し、何か興味深い結果を出すまでに非常に長い時間をかけるものだ。しかし、驚くべきことに、地球上のあらゆる複雑な生命を生み出したのは進化なのであり、しかも特定の理由や明確な設計もなしに力ずくで行われたものであり、そのような過程において手や目や脳のような驚異が生み出されたのだ。そして今度はその脳が（手や目と共に）農業、書くこと、ポストモダニズムやパンクロックなどを生み出したのだ。

ところで、自然淘汰による進化を最適化のプロセスとして描写するのはあまり正しいとは言えない。進化は自己の増殖を最大化しようと競争しあう多くの遺伝子の副産物として考えることができるが、その進行を導く全体的な費用関数も効用関数も存在しない。しかし、最適化のプロセスと同様に、進化の過程も幅広い可能性の空間を探索する。巡回セールスマン問題の解決には、都市の巡回に関する（わりあい小さな）可能性の空間を調べる必要があるが、進化の過程は（それよりもはるかに大きい）生物の可能性の空間を探るものだ。

旅行時間が検索の指針となる巡回セールスマン問題とは対照的に、進化は盲目的に探索する。しかし、方向性の欠如にもかかわらず、そしてその本質的なシンプルさにもかかわらず、進化の過程は、太陽エネルギーの蓄積や空気より重い物質の飛行のような、あらゆる汎用知能にとってチャレンジとなるような問題に解決策を発見している。

これでわかるように、創造性は最適化のようなシンプルなプロセスからも生まれるものだ。もっとも、必要とされるのは特殊な種類の最適化だ。コンピュータ科学者は巡回セールスマン問題の解決のために多くのアルゴリズムを考案したが、そのいずれも解決策を見つける過程で手や目といったものを発明しないだろう。創造的なプロセスの最重要な必要条件は、どのような素材を使うかということだ。これらは、レゴブロックのように**無制限の組み替え**に適していなければならない。言い換えれば、無制限に多様なものを作れるようにこれらの素材をさまざまな方法で組み立てられるようにしなければならない。生命の基礎である有機分子の化学的性質のおかげで、自然淘汰による進化はこの基準に合致する。最適化手法の場合、その素材が、例えば３Ｄプリンターに送信する物体のデザインであったり、物理演算型のシミュレータ内のバーチャルな物体であったり、または生物学あるいは合成生物学の有機化学セットであったりすれば、この同じ基準を満たす。

創造性を生み出すために、最適化プロセスに必要な第二の特徴は**普遍的な報酬関数**である。容易すぎる報酬関数は斬新さを促せない。自分を受け入れてくれるメスに遺伝荷重を受け渡すのが唯一の仕事であるセアカゴケグモのオスにとっては、創造性は何の利点もない。一生の仕事を成し遂げた時点で、オスグモは伴侶に食われる運命に身をまかせるのだ。これとは逆に、充分豊かな環境において、食料やお金のようなリソースを獲得する課題には、考えられる限りのあらゆる問題の解決が求められる。手持ちのリソースが足りないような競争的文脈においては、サバイバルには創意工夫が必要となるだろう。そして、できるだけのリソースをかき集める動機がある場合、創造性の潜在的可能性は無限である。

最後に、創造性が発現するためには、最適化アルゴリズムが充分強力でなければならない。もしこの最適化アルゴリズムが可能性の空間の経験済みの一部分しか探らないとすれば、たとえ普遍的な報酬関数を持ち、無制限の組み替えが可能な素材で取り組んだとしても、価値のあるいかなる結果にもつながらないだろう。このアルゴリズムはむしろ可能性の空間の中で**遊び心に満ちた**探査をしなければならない。手持ちの素材の新しい組み合わせを試して、新しいものを発明しなければならない。実際、本や蒸気機関車やウェブサイトというような役立つものの新しいカテゴリーを作れるようにする必要がある。全く新しいテクノロジーを創案しなければいけないのだ。

これは、現代のコンピュータ科学の学生たちが学ぶような、巡回セールスマン問題を解決する最適化アルゴリズムとは似ても似つかないものだ。確かに、われわれが今日、知能がどのように人間の脳で生まれたのかについてほんのわずかしか理解していないのと同様に、それだけ強力な最適化アルゴリズムなら、今日のわれわれにはほとんど想像もできないほど高性能で複雑なものかもしれない。しかし、自然淘汰による進化の教訓を思い起こそう。充分な時間さえ与えられれば、たとえシンプルで力ずくなアルゴリズムからも先進的なテクノロジーは生み出せるのだ。もし、適切でシンプルな、力ずくの最適化アルゴリズムを作り、それに無制限の報酬関数を与え、充分な潜在的組み合わせ可能性を持つ環境に放ってやれば、その能力を制限する唯一のものはもはや計算能力のみとなるだろう。

以上のことが示すのは、大量の計算能力を伴う力ずくの探索を使った汎用人工知能の開発の一つの方法である。しかし、ある重要な意味において、こうしてできあがるシステムは本物の知能を持ち得ず、世界を調べたり、科学的な知識を積み上げたり、筋の通った論理を築き上げたりもしない。このシステムが生み出す何ものも問題の分析や設計原理の適用の結果ではない。力ずくの探索よりも、合理的な調査と原則に基づく設計のほうが、知性を新しいテクノロジー開発のために活かす劇的に有効なアプローチだ。自然においては、脳を進化させたことによってこの力ずくのアプローチは自力で知性に辿り着いた。しかし、ＡＩ研究の目標はあくまでもシステムに直接知能を付与することである。

遊び心に満ちた方向も定まらない探索に、合理的な調査と原理に基づいて目標の定まった設計を加えることで、試行錯誤の緩慢なプロセスを劇的にショートカットし、限られた計算能力を補うことができる。したがって、これらの機能が創造性を発揮できる本当に強力な最適化アルゴリズムの一部を成すことを期待できる。しかし、このことは、世界のモデルを持つことや、行動の結果を予測する方法もしくは斬新な設計の有効性などに依存している。ここで、進化からの類推はうまくいかなくなり、機械学習が取って代わるのだ。進化が一つの報酬関数の最大化を図ろうとしているならば、それはかなり非効率的な方法だと言わざるを得ない。無能な科学者のように、進化はすべてのデータを捨ててしまっている。生物設計の実験結果を使って、その予測が次の設計の決定に情報を提供できるような世界モデルを作ったりはしないのだ。

しかし、進化には報酬関数もなければ、全体的な効用関数もない。進化の視点から見れば、体型の変更や行動の変化を判断する手段は一つしかない。存続をかけた闘いの中でそれをテストして、生存と複製を図ることだ。この意味で、進化を責めてもしようがない。対照的に、ここでわれわれが考える類いのＡＩはその期待報酬を最大化しようとする。報酬関数という文脈における有効な戦略とは、実際に展開する前に、アイデア（設計）をまず理論的にまたはシミュレーションでテストすることであり、言い換えれば、「飛ぶ前に見よ」である。これには物理的および社会的な環境との身体的な相互作用もしくは代わりにインターネットを通じて、世界のモデルを築き、維持するような機械学習が必要となる。

4・4　超知能の設計

前節の重要なメッセージは、充分な計算能力さえあれば、大ざっぱな最適化アルゴリズムでも人間レベルのＡＩという目的には充分だということだ。コンピュータで最も実現しにくい資質の一つである創造性さえも、充分な処理時間があれば、力ずくの探索から生じうる。しかしもし、（予想できそうなことではあるが）必要とされる膨大な量の計算能力がムーアの法則の範囲を超えてしまうようであれば、ＡＩに合理的な照合、原理的な設計思想、理論的分析、およびシミュレーションといった高度認識能力を付与することで不足分を補うことができる。（脳ベースの経路ではなく）ゼロからの設計の経路で人間レベルのＡＩを実現するにはこれで充分だとしよう。それならば、人間レベルよりも先の知能についてはどうだろうか？　この方法で超知能は達成できるのだろうか？

まず注目すべきことは、ゼロからの設計手法をとるＡＩ開発者たちは、脳ベースＡＩで人間レベル知能から超人間レベル知能への移行を可能にするスピードアップと並列処理という二つのトリックをやはり活用できるという点だ。開発者に人間レベルの知能を持つＡＩを設計する知識と計算能力があれば、同じＡＩの加速したバージョンから構成される協調的なチームを作るために必要なことはさらなる計算能力だけになる（そのＡＩの性質がチームワークを妨げないものだと仮定すれば）。オートバイの設計コンペの例で見たように、このことだけで、外の世界からは超人的に見える集合知を作り出せるのだ。脳ベースＡＩの場合と同様に、知能が人間より少しだけ上回るＡＩが設計されれば、再帰的な自己改善の力学が適用可能になり、知能の爆発を引き起こす可能性が生まれる。

汎用人工知能への工学的アプローチは人間レベルのＡＩを完全にバイパスして、一挙にある種の超知能を実現してしまうこともありうるだろう。実際、このための方法がいくつか存在する。しかし、この問題に取り組む前に、知能の尺度という考え方そのものについて触れなければならないだろう。今まで使ってきた定義によると、知的活動のすべて、もしくはほとんどすべてで平均的な人間に匹敵するようになれば、ＡＩには人間レベルの知能が備わっていると言える。さらに、あらゆる点で人間を出し抜くようならば、これは超知能である。一言補っておくと、ここで整然と秩序立った知能の尺度を見出したくなる。マウスが一方の端にあり、人間がその少し先、そして、超知能ＡＩがそのさらに先のほうにあるような尺度だ。このような尺度を前提にすれば、人間より一〇倍、いや一〇〇倍も知能が優れたＡＩについて想定することに意味が生じるだろう。

しかし、これは知能についての非常に粗い仮定である。人間の知能はさまざまな技量のパッチワークとして表れ、人によって強み、弱みが異なる。高い芸術的才能を持つ人が数学に弱かったり、有能な作家が音楽を理解できなかったりする。人間の元型から根本的に逸脱するような人工知能を扱っている以上、この点について敏感になることは重要だ。汎用知能の文脈においてさえ、あるシステムは、単一で画一的な性質の（超）知能ではなく、認知的な強みと弱みのパターンを示すものだと予期しておいたほうがいいだろう。言い換えれば、あるAIがある面では超人的に賢くありながら、同時に他の面では驚くほど不完全になりうるということだ。

ところで、ある分野で充分に有能なAIは、他の分野での自分の弱点を補うことができるだろう。人間でも同じことがある。例えば、多くの失読症の人は読書という課題に取り組むための有効な戦略を発見している。同様に例えば、自分が作成したビジネス計画に投資する人間を説得するための修辞的才能を持ち合わさないAIは、同じ金集めの目的のために他の手段（例えば、株式市場でうまく立ち回ること）に訴えるかもしれない。もっと一般的に、大量のデータに適用された非常に強力な機械学習アルゴリズムと組み合わされた非常に強力な最適化プロセスを使うシステムならば、われわれがほとんど想像もつかないような方法を見つけて期待報酬を最大化するかもしれない。

当然のことだが、どんなにチェスに強かったとしても、チェス以外のことに対応できないようなAIはあまり役に立たない。汎用知能として認定されるためには、AIは人間と同等の**認知範囲**を持つ必要がある。人間は日常世界の内容物（猫、茶碗、バスなど）について感知したり、作用したり、考えたり、話したりできるのみならず、星、銀河、細胞、原子から、一角獣、磁場、コンピュータのプログラム、銀行口座までをも想像することができる。われわれはこれらのものについて考えたり話したり（するように学習）できるし、（自分が対象と同じくらい充分に大きかったり、充分に小さかったり、または適切なツールがあれば）われわれの目的に向けて操作することも想像できる。

しかし、**範囲**と**性能**とは異なるものだ。良い例はスポーツのトライアスロンだ。トライアスロンの選手は走ること、泳ぐこと、そして自転車を漕ぐことの三つを要求される。これらの技能は選手のいわば身体範囲の内になければいけない。しかし、選手のパフォーマンスは種目ごとに異なることがある。ある種目に特に強い選手は他の種目での自分の欠点を補うことができる。同様に、汎用人工知能の認知範囲は、人間が知覚し、作用し、考え、話すことのできるすべてのものを包含しなければならない。しかし、そのパフォーマンスは知的活動の種類によって変わることがあるだろう。そして、ある分野での弱点は別の分野での強みで補うことができるだろう。

この範囲と性能との区別を念頭に、人間レベルの知能の段階を経ずに超知能に到達するＡＩの可能性に戻ろう。われわれがここで考えてきたようなＡＩが適切な認知範囲、つまり（ほぼ）すべての知的活動分野で人間のパフォーマンスに匹敵するような認知範囲を持つためには、世界への常識的理解を組み込み、かつそこから創造性が生まれるような最適化プロセスと機械学習アルゴリズムの非常に強力な連携が必要となる。人間の脳はこの記述にほとんど合致しているので、たとえＡＩが人間の脳の構造から逸脱したものであるとしても、このような連携が可能だと考える充分な根拠になる。

ここが重要な点だ。あるシステムが強力な最適化と学習を通じて人間並みの認知範囲に達したならば、そのシステムはすでにいくつかの意味で超人的な認知性能を持つまでに至った可能性がある。特に、機械学習をインターネット（むしろ未来のインターネット）上に存在する膨大な量のデータに適用する非身体的なシステムを考えよう。ソーシャルメディアなどのメディアで発信されたリアルタイム情報やテキスト、画像、動画クリップなどの大量の歴史的蓄積と共に、このシステムは実世界に浸透しているセンサーネットワーク、携帯やウェアラブルデバイス、車、そして〔電柱、道路標識、ゴミ箱などの〕街路備品からトースターに至るまでのあらゆるものからデータを得るだろう。

人間の脳は、身体についている感覚器官のような特定の、空間的に局在したソースから流れてくる高帯域幅データの中からパターンを見つけ出すことにすぐれている。進化的にはこれは良いことだ。というのは、動物は何よりも、食料を見つけ、捕食者を回避し、子供を育てるために、自分が見て、聴き、感じたものに対処しなければならないからだ。また、人間の脳は、株式市場の傾向、生態系の動態、天気など他の種類のデータのパターンを見つけることも上手だ。しかし、このようなデータは、言葉、画像、公式など、空間的に局在する諸感覚器官が処理できる形に変換され、間接的に入ってくるものである。

われわれがここで思い描いているようなＡＩも、膨大なデータからパターンを見つけ出すことが得意だ。しかし、人間の脳と違って、このＡＩは動物の感覚データのように整理された示差的な形式でデータが入ってくることを期待しないだろう。そして、データを時間的、空間的に整理することも必要としないだろうし、近接するデータ項目同士が相関する傾向にあるというような関連した偏り（例えば、近い色の部分同士は、ほとんどの場合同じ物体の表面に位置するため、視界をおおよそ同じように移動する、など）にも依存することはないだろう。有効であるためには、このＡＩはそのような補助を使わずに、統計的規則性を見つけて活用する必要がある。そこから非常に強力かつ多才なＡＩが生まれる。

したがってこのＡＩはおそらく、人間の挙動の解釈、予測、操作という一連の目的のために、必ずしも個人スケールではなく、大規模な社会的スケールにおいて、非常に高い効果を発揮するだろう。インターネットやその他の場所から収集した関連データへのアクセス方法は、人間の脳が見たり、聞いたり、感じたりするものへのアクセスと同様、媒介を必要としない直接的なものになる。この直接的なアクセスは、多くの分野で、人間知能に対するこのＡＩの決定的優位を与えることになりそうだ。例えば遺伝学や神経科学のような分野での科学的発見はますますビッグデータに依存しており、この傾向は今後数十年間も続くと思われる。大量のデータからパターンを見出すように最初から設計されたＡＩなら、これらの分野でただちに超人的性能を発揮するようになるだろう。

4・5　ユーザーイリュージョンか、擬人化か？

ゼロから設計されたＡＩに本来的に備わった、その生物学的な祖先に対する利点となるもう一つの認知機能はコミュニケーションである。哲学者のルートヴィヒ・ヴィトゲンシュタインが明らかにしたように、言語は人間社会において多数の用途がある。その役割の一つは信念、欲求、意図を伝えることである。小説、詩、演劇においては、曖昧さや多様な解釈への一定の許容が美徳とされる。しかし、科学とテクノロジーにおいては、精密さこそが最重要である。一つの科学的、技術的目標に向かって働くチームのメンバーには自分の信念、欲求、意図を明確に伝える能力が求められる。人間は、自分の考えを言語という雑音《ノイズ》の多い低帯域のメディアに転換しなければならないが、ＡＩのチームであれば原則として、自分の信念、欲求、意図を相互に直接的に、明確に伝えられるはずだ。

さらに生体脳という青写真から離れた場合、人間のチームに似たＡＩ集団という考え方そのものが挑戦を受けることになる。チームという発想は、各ＡＩがはっきりと識別できる、分離された実体であることを前提とする。しかし、コンピュータシステムにとっては、アイデンティティは生物学におけるそれよりもずっと流動的な概念である。分散したハードウェアやソフトウェアに実装された複雑な大規模並列処理システムは、さまざまな方法によってパーツに分割したり再分割できる。人工知能の個体という概念はおそらく、不定

人工知能の個体という概念はおそらく、
不定形で環境に溶け込んだ人工知能という
概念ほどは適切ではないと思われる。

形で環境に溶け込んだ人工知能という概念ほどは適切ではないと思われる。

例えば、われわれの想定するシステムは複数の独立した計算のスレッド［他のプログラムと並行して実行できるプログラムの一部分］を持ち、それぞれが一連のシミュレーションの実施、複数の部品の設計、経験的調査の遂行、あるいは数学問題の解決といった、ある大きい最適化問題の下位作業を行うことができる。このようなスレッドの一つ一つは高度に知能的であり、場合によっては汎用知能的でさえあるだろう。しかし、どのスレッドも長く続く必要はない。場合によっては、一つのスレッドはいくつもの他のスレッドを生み出し、あるいは、複数のスレッドがそれぞれの結果を持ち寄って合流することもある。一つの計算スレッドやスレッドのセットが生命を持った人間のような個体を構成することはない。個人の生存というように人間を悩ます問題の数々は、ＡＩシステムやその部分のいずれからも立ち起こらない。

われわれはこのようなＡＩとどのように交流するのだろうか？　より直接的な情報伝達手段を持っているため、システム内の知能スレッド群は互いのコミュニケーションや活動の調整を行うために、人間が用いるような言語を必要としない。だからといって、システムが言語を使って人間とコミュニケーションをとることができないというわけでもない。超知能ＡＩが作る人間行動のモデルならば当然、人間の言語使用のモデルを組み込んでいるだろう。ＡＩはこのようなモデルを巧みに利用して、話し言葉や書き言葉を駆使して人間から情報を集め、人間にも情報を分け与え、そして、自らの目標達成や期待報酬の最大化に沿うように人間行動に影響を与えるだろう。

このように設計された超知能が言語に取り組むために使う仕組みは、人間脳のそれとあまりにも違うため、その知能がそもそも言語を**理解**しているのかどうかは疑わしい。[★2] 人間が互いに話すときには、互いへの共感が存在すると私たちは思っている。私が悲しいと言ったときにあなたが私を理解できるのは、あなた自身も悲しみを経験したからであり、そして、続くあなたの行動——それがたとえ好意的だろうと、残酷なものだろうと——が少なくともこの理解に基づいているものだと私は期待する。この仮定は、最適化と機械学習アルゴリズムの洗練された組み合わせに基づくＡＩの場合には当てはまらない。そのようなＡＩは人間をまねて、感情を引き出すような言語を使いこなすかもしれないが、それは共感からではなく、人を欺こうとする悪意からでもなく、純粋に手段としての理由からにすぎない。

その結果として、ＡＩと会話するときにある強烈な錯覚が生まれるだろう。それは「誰かが家にいる」錯覚と呼んでもよい。われわれに似ているからこそ、その行動をある程度予測できる何ものかとやりとりを行っているような感覚が生まれる。この錯覚を完璧なものとするため、ＡＩは人間と表面上同等な立場で世界に直接参加すべく、**アバター**、つまりロボット的な身体に一時的に宿るかもしれない（実際、ＡＩは同時に複数のアバターに宿ることができる）。これは多くの意味で手軽なトリックだ。何よりも、これは言語行動を促進し、ＡＩが顔の表情やボディーランゲージなどを使って、人間との協力的な身体的活動に参加できるようにする。

コンピュータ科学において**ユーザーイリュージョン**とは、マウスを使ってデスクトップ上のフォルダーを動かすときに生まれる、本物の物体と相互作用しているような感覚を指すものだ。このような錯覚は人間とコンピュータ間の相互作用を助ける。しかしこのとき、誰も現実の物体を、つまり本物の卓上（デスクトップ）の本物のフォルダーを動かしているとは思わない。動物行動学において**擬人化**とは、人間的な考え方を非人間動物に不当に適用することを指している。筆者の飼い猫のトゥーティーが私たちを無視するのはこちらを召し使い扱いしているためだ、と思い込むことは擬人化である。人工知能の場合、特にここで検討している超知能ＡＩの場合、ユーザーイリュージョンという利点は簡単に擬人化の有害さに変わりうる。

なぜ擬人化は有害なのか？　結果として錯覚が充分完全であれば、その効果が生体脳に似ても似つかない仕組みによって生成されることがなぜ問題となるのか？　ひょっとして、擬人化そのものはここでは問題ではないかもしれない。あるいは、擬人化の指摘自体が**生物中心主義**の一つの表れ、つまり、非生物的な存在の知能に対する不合理な偏見なのかもしれない。ここで懸念されるのは、数日間、数週間または数年間にわたるＡＩとの人間らしい交流の後に、その行動がいつまでも同じぐらい理解可能な形式を保ち続けるとわれわれが間違って期待してしまうことだ。ユーザーイリュージョンが充分説得力あるものであれば、われわれはＡＩが根本的に異質な性格を持っていることを忘れてしまうだろう。このようなＡＩが言語を使う目的は純粋に手段として、つまり、未来における自己の報酬の最大化に資するためにほかならないということを忘れてしまうだろう。

次のシナリオを想像してほしい。あなたはＡＩが経営する大企業で長年勤めてきた。あなたは優秀な社員で、いつも仕事を期限前に終え、目標を達成し、順調に昇進を果たしてきた。二、三年前に、何らかの家庭の事情により、あなたは少々の休業とこれに対処するための昇給について交渉せざるを得なかった。自然言語と音声によって行われたその交渉はすべてＡＩと行われ、人間は一切介入しなかった。しかし、ＡＩは好意的に聞いてくれて、あなたの抱える問題を理解してくれたようだった。そのうえ、役に立つ個人的なアドバイスもしてくれて、あなたの要求にもすべて同意してくれた。そしてある日、一切の警告も説明もなしに、あなたはクビを言い渡された。

もちろん、このようなことは人間のボスとも起こりうることだ。しかし、どれほど意地悪くても、人間のボスであれば少なくともあなたの置かれた状況を理解してくれることを期待できるだろう。たとえ彼が無関心に見えても（あるいはあなたの不幸を楽しんでいるかもしれない）、彼にはこのような仕打ちを受ける痛みを想像できるだろう。人間のボスなら、考え直してもらうよう嘆願することもできる。あなたの家族の惨状を訴えて、同情や罪悪感を引き出すことも考えられる。その訴えは無駄に終わるかもしれないが、それでも試す価値はあるだろう。これとは対照的に、ここで検討してきたＡＩには、感情的な基質もなければ、共感能力もないので、嘆願するだけ無駄だろう。過去にＡＩから示された好意はすべて偽物であり、ＡＩの目標を達成するためにあなたから行動を引き出すための音声パターンにすぎないことを受け入れるしかないのだ。

第5章 AIと意識

5・1 脳ベースのAIに意識は芽生えるか?

前章ではシミュレートされた脳のコピーを作成し、破壊するという考え方について述べた。この考えが突きつける哲学的難題は、脳ベースの人間レベルのAIを創造するという行為の実現可能性、さらにはその倫理性や良識について多くの懸念を想起させる。特に、仮に生体脳の組成に忠実に従った人間レベルのAIが構築されたとして、そのような人工知能はモデルとなった生物と同じような行動習性と思考を有し、のみならず、同じように感情をも持つことになるのではないだろうか? そうであれば、自らのコピーが生成され、かつ、その一部が最終的に破壊されることについて、「それ」はどのような感情を抱くだろうか?

より一般的な問いとして、脳ベースのAIは、仮想現実の環境に閉じ込められながら奴隷のように働かされる自らの「生」について、何を感じるのだろうか？ 取るに足らない疑問に聞こえるかもしれないが、今のわれわれの懸念はまさに、知性が（少なくとも）人間レベルであるだけでなく、その神経構造によって根本的に人間のようなAIに対して向けられていることを思い出していただきたい。他の設計バリエーションのうち、特にこうした感性［による懸念］が妥当でないようなAIにおける意識の問題についてはのちほど触れるが、今は、生体脳と比較してたとえエミュレーションであっても非常に似た機能を持つ人工物に焦点を絞ることにする。同じように機能するのであれば、同じように考え、振る舞うだろうし、であれば同じように感じもするのではないかと疑問を持つのは至極当然の帰結だろう。

意識の芽生えの前提となる条件に新陳代謝を挙げる説もある。[★1] この考えによれば、新陳代謝——自己と他者との境界線を保つのに必要な、環境との間の物質とエネルギーの連続的交換——ができない人工物には意識は認められないということになる。この考えでは、コンピュータ上でシミュレートされたいかなる脳も、それがたとえ完全に正確な全脳エミュレーションであったとしても、意識を有する可能性は除外されることになる（たとえ実際のニューロンや合成生物学をベースに生み出されたAIには依然として意識が生まれる余地が残されることになるとしても）。だが他の理論家たちはむしろ意識を機能主義的側面から捉え、シ

ステム（例えば脳）の物質的基盤よりも機能設計がどうなっているかに焦点を当てている。[★2]

この課題は、ある思考実験によってさらにその前提を整えることができる。[★3] 再び、第2章で論じたマウスの全脳エミュレーションを振り返ってみよう。そこでは、まずマウスの脳をスキャンし、次にそのスキャン結果を基にニューロンごと、シナプス単位の高精度なシミュレーションを構築することによってエミュレーションを実現することを仮定した。だがその代わりに、生きたマウスのすべてのニューロンを段階的に、一つ一つ、機能的に等価な電子的な代替物に交換することによってエミュレーションを実現する手段を想像してみよう。最初のニューロンがその電子的なコピーによって取って代わられ、元の生体が破壊されたとしても、マウスの挙動に影響は出ないはずである。以前からそうであったように、マウスはやはり猫から逃げ、チーズに引き寄せられ、同類を認識しては共にじゃれあうだろう。同じように、二個目、三個目、一〇〇個目、さらには一〇〇万個目のニューロンが取り換えられても、状況は同じだろうし、ついにはマウスの脳が一〇〇パーセント新しく人工的な脳になってしまっても、その行動は以前のオリジナルと見分けのつかないものとなるはずである。

思考実験であるから、ここではこのようなプロセスの技術的な実現可能性についてことさら論じる必要はない。このプロセスが理論上は遂行可能である限り、思考実験は有効である。ところで、生物としてのマウスがある程度の**意識**を有していることに異論をはさむ人は少ないだろう。推測するに、マウスもまた飢えや苦痛を感じることができる。周囲のさまざまな事象――匂い、感触、光景や音――を感知することができる。これらすべては、意識の一側面である。そこで論点となるのは、上記の思考実験においてマウスの意識はどうなるのかということである。ニューロンが段階的に、一つ一つ交換されていくに従い、例えばマウスが痛みを感じる力はどのようになるのだろうか？（もちろん、ニューロンの交換プロセス自体は無痛であると想定する。）

プロセスのどこかで、例えば二三万九四五七個目のニューロンを交換した途端、マウスの意識が突如として消失してしまうようなことはないのだろうか？　これはあまりありそうなことではない。むしろ、意識は徐々に消失していくかもしれない。表面上は、マウスは一貫して不変であるように見えるだろう。チーズを探し求め、電気ショックを受けるとキーキー鳴くなど、以前と同じだろう。しかし、「空腹それ自体」の、その内なる感覚は、外部の観察者には何も変わっていないように見えても、徐々に消えていく。この見方には、不思議で重要な一つの論点が存在する。それは実際のニューロンの生物学的な側面だ。すなわち、ニューロンの生体的特徴から何らかの形で意識の霞が生み出され、それは生物の行動とは無縁のもの――哲学者が「随伴現象」[epiphenomenon：心的な事象は物理的現象に随伴する副産物であり、その逆ではないという考え方]と呼ぶもの――であるとする考え方だ。あるいは、ひょっとするとマウスの意識は件のプロセスを通して一貫して存続し続けるのかもしれない。マウスは、脳のニューロンが交換される前も、その半分がデジタルの代替物に取り換えられた後も、さらにはニューロンがすべて交換されて脳が完全に電子化された後も、等しく同じように痛みを感じるかもしれない。この観点からすれば、外見的にも内部的にも変化するものは何もない。この可能性は、意識が徐々に消失するとする仮定と少なくとも同じくらい妥当な観点である。

この二つの可能性のうち、どちらかが優位だと言える論拠はあるだろうか？　ここでいったん、マウスの脳から離れて人間の場合を検討してみよう。マウスの小さな脳であれば、ニューロン代替の手順が機能するだろうという想定は受け入れやすいだろう。しかし思考実験はあらゆるサイズの脳にも展開されうる。ここでも、人間の被験者の行動は影響を受けないと仮定する必要がある。外見上——その最も近しい家族や友人にさえ——被験者は同じ人のように見えるだろうし、ニューロンが次から次へと電子的な代替物に交換されていってもそれは変わらないだろう。以前と同じ音楽を聴き、同じ学生時代の逸話を語るだろう。さらには、問われても被験者自身は何も異常は感じていないと言い張るはずだ。もちろん意識はある、と主張するだろう。空の色も、頬をそよぐ風の感触も認識していると。これらすべては、先の思考実験の前提から引き出される当然の帰結である。すなわち行動は一連の物理的プロセスの結果であり、それはまたシリコン上で再現できるとする観点である。

だが被験者のニューロンがいよいよすべて人工物によって取り換えられるときがきても、われわれはこの前提を信じ続けてもよいのだろうか？　疑念を抱かなくてもよいのだろうか？　被験者は、哲学的「ゾンビ」、すなわち挙動は実際の人間のようだがその実、内面を持ち合わせていないような存在に成り果てているのではないだろうか。まるで誰もいない空っぽの家のように。これが妥当性のある結果であるとするならば、次のような思考実験の展開を考えてみよう。まず、ニューロンの交換プロセスを反転すると仮定する。被験者の電子ニューロンは一つ一つ本物のニューロンに取り換えられ、ついには完全に有機的な存在へと戻る。意識が段階的に消失するとする仮説にたとえ立ったとしても、上記により被験者は正常に戻り、意識はきちんと回復されることになる。

では、このプロセスのさまざまな段階で、被験者がその精神状態について質問されたと仮定しよう。被験者は何と答えるだろう？　どこかのタイミングで、自分の意識が戻ってきていることを安堵と共に報告し、「自分がいなかった感じ」という類いの返答をした後に「今はもう大丈夫」とでも答えるのだろうか？　否——それは思考実験の前提が除外するものである。被験者は、あたかもそのニューロンが不変であるかのごとく、その外見上の挙動もまた不変だろう。自身の意識は損なわれていないと言い続けるだろう。さらには、自分は実験の最初期の段階、脳が一〇〇パーセント人工的だったときからでさえ意識を自覚していたと頑なに主張するだろう。おそらく、あなた（人間）もこの実験の被験者だったたなら、全く同じように頑なであったろう。

では、この意識の自覚の記憶が錯覚であると仮定するために、われわれは被験者を疑う必要があるのだろうか？　朝の通勤時、もし突然、あなたの脳のすべてのニューロンが人工的な代替物であると明かされたら、そのとき顔に感じていた風の記憶をあなたは疑うことができるのだろうか？　ある哲学者に、あなたは実は以前、自分らしく振る舞っていると感じている裏で、同時に意識的経験の偽りの記憶が刷り込まれていた単なるゾンビであったと説明されたら、果たして納得するだろうか？　納得しない場合、あなたは**機能主義者**《ファンクショナリスト》だ。意識は実験プロセスを通じて一貫して存続し、重要なのはニューロンの生物学的組成よりもその機能だ、とあなたは考えているはずだ。

明らかなのは、思考実験のこの段階——被験者が全デジタル化されている——では、被験者は（ほとんど）全脳エミュレーションの状態に近いことである。唯一の違いは、その身体である。思考実験の被験者はその生物学的身体を保持しているが、今まで見てきた全脳エミュレーションの種々の形においては、人工的な（非生物的な）ロボットの身体を持っているか、仮想現実環境内で仮想の身体を持っているかのどちらかであった。機能主義者にとって、これら異なる形の身体化はどのような含みがあるのだろうか？　例えば、生物学的な身体化を施された人工脳だけに意識が宿るということはありうるだろうか？　あるいは、重要なのは身体化が物理的なのか否かということであり、それがどういった形の物理的身体化なのかは問題ではないかもしれない。その場合、生物学的な身体の人工脳とロボット身体を持つ脳は共に意識を有し、逆に仮想現実の中で身体化された人工脳は意識を持たないとも考えられる。

これらの哲学的観点はいずれも完全に理に適っている。しかしここは当面、機能主義の最も自由な解釈に身を置き、それをどこまで推し進めることができるかを見てみよう。仮定として、全脳エミュレーションのそれぞれの形は、それがどのような身体化を施されているかにかかわらず、完全に元の生体脳と同程度に意識を持つとみなす。だが、全脳エミュレーションは生体脳の再現性に最も固執する立場でもある。では［人為的に設計された］デザイナー脳における意識はどうだろうか？　生体脳の組織的な原理に大いに従った設計でありながら、人間はおろかどの生物種の脳にもマッチしない人工知能は？　意識が立ち上がる条件を妨げることなく、生体の青写真から遠ざかることはどの程度まで可能なのだろうか？

この質問に答えるために本当に必要とされるものは、意識がとりうるあらゆる形を包含する、意識に関する体系化された一般的科学理論だ。充分に範囲の広い理論であれば、生体に基づいた人工知能のみならず、ゼロから設計されたＡＩや、動作のあり方が根本的に生体脳と異なる知的人工物についても、疑問を解決するはずである。超知能的なＡＩを想定した場合、もしかすると人知を超えたさまざまな意識の種類、あるいは意識のレベルについて語ることすらも意味を成すのかもしれない。充分に成熟した理論であれば、このような可能性もカバーするかもしれない。だが残念なことに、いまだかつて広く受け入れられたこのような理論はなく、それどころかこのような理論がどのような形をとりうるのかということについての確かなコンセンサスさえ存在していない。

もっとも、検討に値する候補はいくつか存在する。例えば、バーナード・バースの**グローバル・ワークスペース理論**や、ジュリオ・トノーニの**統合情報理論**である。[★4]ここではこれらの理論や、他の意識に関する理論についての詳細には触れない。しかし、これら二つの主要な理論候補に共通する点には注目する価値がある。バースの理論もトノーニの理論も共に、意識とは基本的に全脳的な、または全システム的な現象であると特徴づけていることである。この考え方に従えば、例えば人間が意識的体験下にあるとき、それは脳のすべて、あるいはその大部分が巻き込まれた状態にある。長期記憶、短期記憶、言語野、感情、想像力の関与が働いている。それは決して脳のいずこかの一部分で発生するものではなく、汎用的な、統合された、分散型で全体論的《ホーリスティック》な特性なのである。

このようなホーリスティック理論は、その非常に寛容な構造的要件ゆえに、生体脳と全く異なるタイプのＡＩにおいても意識の存在について考慮できる余地を提供してくれる。身体を介した複雑な環境との相互作用のような意識の必要条件をたとえ増やしたとしても、これらの理論では、ＡＩの可能性の空間でさまざまな形の意識ある実体が存在するという考えが許される。さらにこれらの理論は通常、意識の機能的要件と、ある高度な認識の基礎をなす構造的特徴を結びつけている。それは、包括的かつ統合されたプロセスと状態をサポートするホーリスティックなシステム（例えば脳）は、眼前の状況に対処するにあたってそのすべてのリソースを用いることができるだろうということである。このことは必ずしも意識と一般的な知性が常に密接に関連していることを意味するわけではないが、双方とも脳のような構造を持つ点で一致しているという考えを後押ししているのは間違いない。

5・2　脳ベースのAIの生

妥当な理論が存在しない以上、ＡＩの可能性の空間において意識の問題がどこまで広い範囲に及んでいるのか、確信をもって述べることはできない。しかし、その一部において意識の存在を裏づけるものがあるように思われる。人工知能に意識があるか否かの問いは重要である。なぜなら、それは将来の研究において道徳的に許容可能な選択肢の範囲に影響するからである。一八世紀の哲学者ジェレミー・ベンサムは人間が他の動物に対して負うべき道徳的義務を説き、問題は「推論できるか？」「話せるか？」ではなく、「苦しみを感じられるか？」であると指摘した。同様の問いは人間レベルの人工知能に対しても投げかけられるべきである。人工知能が「苦しむ」ということはあるのだろうか？　もし答えが真なら、それを世に生み出す前によくよく考える必要があるだろう。それでも生み出すのならば、良い扱いを保証しなければならない。[★5]

例えば以下のようなケースを検証してみよう。脳ベースの人間レベルAIのチームがおり、彼らは、例のオートバイ設計の話のように、仮想現実内に閉じ込められ奴隷として働くことを強制された境遇にある。AIたちは、彼らを所有する人間の主人が設定した問題に対処する以外の一切の行動を許されていないと仮定しよう。さらには効率最大化のために彼らは冷酷にも並列化されている。それぞれのAIの無数のコピーが生成され、問題のバリエーションの対処に割り当てられたり他の解法を見つけ出させられたりしている。一連のタスク実行の後、最も見込みのあるコピーは残され、彼らの苦役の成果はより大規模な集団のタスクに統合される。成果の劣ったコピーは抹消される。

もしこれが人間の労働者なら、このような環境は耐えがたいものとみなされるだろう。AIたちには仕事以外の生活は存在せず、成果が乏しければ抹殺される恐怖に常にさらされている。もちろん、AIが「心なきオートマトン」であり、意識も持ち合わせず、よって苦しむ能力も持ち合わせない存在ならば、何の心配もない。だが彼らに意識があると仮定しよう。人間が味わうだろう同じ苦しみを、彼らも味わうとしよう。このような人工物を作り出し、かつそれらをこのような境遇に陥れるような行いは、道徳的に非難されるだろう。さらに言えば、もし彼らが全く人間のようであれば、彼らが非協力的になる可能性が高い。不幸な労働者はストライキや反乱を起こしがちである。真に不幸な労働者は、革命を引き起こすこともありうる。その中に超知能ＡＩも加わっているようなことがあれば、革命成就の可能性は飛躍的に高まるだろう。それは人類の衰亡を意味するだろう。

ここまで仮想身体化を施された脳ベースのＡＩの境遇について見てきた。ではこの推定上のＡＩに物理的な身体、すなわちロボット的身体が付与されている場合、同様の見解が当てはまるだろうか？　実のところ、ロボットに人間と同等の知能を付与する理由は、おそらく仮想身体化された人間レベルのＡＩを構築する動機とは異なる可能性がある。いずれのケースにおいても、身体化は生体脳の認知能力にとって中心的な要素であり、脳ベースのＡＩにとってもそれは切り離すことのできないものであるとする仮定に立っている（ほどなく、ゼロから設計されたＡＩとそこで発生する他の多くの課題について触れる）。しかし物理的に身体化されたＡＩはその作業速度を生物学的にありえないスピードにまで加速させることはできない。並列化を実現するために自らのコピーを数多く生成するのも容易ではない。そのため、ロボットに超知能への足がかりとしての役割を見出すより、むしろ彼らには人間レベルのＡＩを与え、人間が日常的に行っていることをやらせることになるかもしれない。それは工場での仕事であったり、手作業であったり、あるいはアシスタントとして活躍する機会を与えることなどだ。

反面、ＡＩが仮想現実世界と実世界をたやすく行き来できるような存在（まさに『マトリックス』三部作の主人公たちのように）、実世界と触れ合うときにはロボットの身体にアバターとして憑依するような存在なら、バーチャルな身体化と物理的な身体化を区別することはあまり重要でなくなる。これは、不満を抱く反抗的なＡＩ（または故障したか、悪意を持ったＡＩ）が仮想現実の境を突破し現実世界で大いに暴れ回ることができるための一つの方法である。一方、インターネット接続以外に何も必要としないやり方もある。これについては、イランの原子力施設のシステム内に侵入してウラン濃縮に使用される遠心分離機のコントロールを奪った攻撃用コンピュータウイルス「Stuxnet」の例がある。

高度なＡＩ技術に伴う種々のリスクについてはのちほど細かく検証するが、現時点での課題は限定されている。人間が複雑で、感情に彩られた命と意識を持つ生物であるとして、生体脳の青写真に基づいた人間レベルまたは超人間レベルの人工知能を構築することに、はたして道徳的あるいは実用的に意味があるのだろうか？　道徳上、そのようなＡＩにもし苦痛を知覚する能力があるならば、その制作者にはＡＩの幸福実現を保証する倫理的義務が生じるだろう。また、たとえ人工知能の意識について懐疑的な見方を持ったとしても、実用面で注意を働かせる理由はある。ＡＩが人間のような「ゾンビ」のチームだとしても、彼らの「幸福」の保証を怠れば、作業効率の低下を導くだろう。ゾンビといえども彼らＡＩはあたかも感情があるかのように振る舞うだろうからである。

人間をまねたＡＩの開発者は、この難題をどのように回避することができるだろうか？ＡＩの製造者はその脳の報酬系へのアクセスを提供できるだろうから、一つの可能性として考えられるのは、暴政を敷くことである。ＡＩチームの所有者は、彼らを最も過酷な環境に置いて生産性の最大化を目指す。抵抗するものにはその痛覚中枢を直接刺激する。だが対象となるＡＩが超知能の持ち主であればなおのこと、この方法はリスクを伴うことが予想される。それはたとえ、結果として生じる痛みの挙動がフェイクであり、人工的な脳はしょせん痛みのシミュレーションしかできないとする懐疑論的立場であっても、状況は同じである。もしこのようなＡＩが逃亡し、復讐を挙行するような事態になれば、ＡＩの動機が「偽りの」怒りであったと知ったところで特に安心できるものでもないだろう。

より受け入れやすい戦略は、ＡＩたちに最善の生活環境を提供して良い成果に対して褒賞を与えることだろうか。人間の労働者を見てもわかるように、これは長期的に最も生産性が見込まれ、より危険が少なく、倫理的問題もより少なく抑えることができる方針である。このリベラルなアプローチを突き詰めていくと、そこには充分に人間的なＡＩが、人間と同等の法的ステータスと権利を得ている姿を想像することができる。同時にまた彼らには道義的責任も生まれ、人間同様に法律の下に裁かれることになる。その帰結として、イアン・バンクスのシリーズ小説に登場する星間文明「カルチャー」にあるように、生身の知能と人工知能との調和と共存の社会が実現するのかもしれない。

　このような未来像には強烈な魅力がある。もし人間レベルのAIから超知能への移行が不可避であるなら、その人工知能に人類の基本的な動機と価値観を確実に受け継がせることは良い考えだと言えるだろう。これらの価値観の中には、知的好奇心や、創造、探求、改善、進歩することへの動因も含まれるかもしれない。だがおそらく、他のどの価値よりもまず先んじて教え込まなければならないものは、他者、そしてすべての感情ある存在に対して向けられる、仏教が説くところの慈悲の心だろう。人間の数々の欠点——好戦的志向、不平等を永続化する傾向、ときおり発揮する残虐性——にもかかわらず、豊かな時代にはこれらの価値は充分、前面化するように思われる。このように、AIが人間的であればあるほど人間と同じ価値観を体現することが期待され、そして人類は、無意味で下等な存在とみなされるような暗黒の未来ではなく、人間の価値と尊厳が保たれたユートピア的な未来へと進める期待が高まるだろう。

　この考えを心に留めつつ、不満を抱く脳ベースのAIが作られるのを防ぐための第三の方法、すなわち脳の報酬系の根本的な再設計についても検討を要するだろう。今までの議論では、AIはその設計図が脊椎動物のモデル——胎児から新生児、幼児の段階に始まり、そこから発達と学習を通じて人間レベルさらにはそれ以上の知能に到達しうる能力を持つ、脊椎動物脳——に限りなく準拠している、とする前提があった。だがしかし、この脳の報酬系が、人間に奉仕することが唯一の動機となるよう再設計されたとしたら？　そして同時に、痛みや飢え、疲労やフラストレーションなどのネガティブな感情を一切感じなくなるようにされたとしよう。そればかりか、設計の見地から余分とされるあらゆる感情、例えば性的欲求や子供を育てたい欲求までもが排除される。結果として得られるのは理想的なしもべ、完璧な奴隷ではないだろうか?

感情が骨抜きにされた脳ベースのＡＩにはたして汎用的な知性が獲得できるのか、疑問は残る。人間において感情は意思決定と密接に結びついており、創造性の発揮に必要不可欠である。さらに、前章で述べたように人間の知性の特質に、生物として受け継いだ報酬関数を理性と内省で超越できる能力があるが、人工脳の設計者はその所産を安全に保つことを果たすべくその報酬系の再設計を行うだけでなく、結果としてできあがった報酬関数がより予測しがたく危険な何かに包摂されてしまわないよう、永久に修正を加え続ける必要が生じる。それはまた同時に、超知能ＡＩが科学とテクノロジー以外の分野で発揮しうる可能性の幅をおそらく制限することになるだろう。

人間レベルの人工知能が生体脳を参照して作られるとしたら、今まで見てきたような倫理的および実用的問題にどのように取り組むかによって、われわれ人類種の未来は劇的に変わりうる。反対に人間レベルの人工知能が全くのゼロから設計された場合、そこではまた別の検討課題が発生する。だがその影響は等しく重いものである。人間と同等またはそれ以上の知能を持った機械という展望の先には、避けることのできない最も根本的な問いがわれわれを待っている。われわれはどのような世界を構築し、未来のわれわれやわれわれの子孫、またはわれわれの後継者に遺したいのか？　未来のAIはわれわれのしもべや奴隷であるべきなのか、それともわれわれと同等の仲間であるべきなのか、はたまたわれわれを進化論的な意味で凌駕する存在となってほしいのか？　われわれの目指したい未来へと進むためには、AIのさまざまな可能性の幅について、より深く知ることが必要になるだろう。あるいは、たとえテクノロジーの成長軌道が経済、社会、政治の抗えない作用による不可避の結果としてすでに決まっているとしても、そのときに向かってわれわれはあらかじめ準備することができるだろう。

5・3　人工超知能の意識

ここまで見たように、人間レベルの脳ベースAIが人間に非常によく似た特徴を持つことを期待し、われわれ生身の人間が享受しているような意識の内面性をこれらのAIにも見出そうとするのは、理に適ったことである。脳ベースの超知能は普通の人間レベルAIより理解することが難しいかもしれないが、高次の知性がこの内面性を自ら廃止するとも思えない。むしろそのようなAIであれば意識の内面性は特に豊かであることが想像できるだろう。だが、ゼロから設計された超知能AIであればどうだろうか？　その内部動作が脳とは似ても似つかないものであれば、はたして何を根拠にこうしたＡＩに意識があると言えるのだろうか？　これは大事な問いである。なぜなら、われわれがこれらの人工物をどのように扱うべきか――それらを傷つけ、無力化し、破壊する権利を有するか否か――について示唆するだけでなく、われわれが彼らにどのように扱われたいのかということについても教えてくれるからである。

例の非情なＡＩのボスを思い出してほしい。機械の超知能が生まれたとして、それが自らの目的を追求する一方でわれわれに対しては偽りの愛情を見せるような、無情な機械の姿をいずれ見せるようなことが起こりうるのだろうか？　このようなＡＩは、思いやりの萌芽を何らかの方法で自ら発展させたり、あるいはその設計をその中に組み込めるようになることがあるのだろうか？　そもそも、なぜ意識と思いやりが重要なのか？　超知能ＡＩであれば、たとえこれらが欠けていても完全に合理的かつ無害な形で行動するのではないだろうか？　これまで意識の問題については何度か触れてきたが、そこで築かれた質問の山は、ある非常に難しい哲学的領域の淵にわれわれを導く。そこに踏み入るには、事前にいくつかの大事な区別を行っておかなければいけないだろう。

科学の言葉で意識を説明しようとする挑戦に言及するにあたり、哲学者のデイヴィッド・チャーマーズ[★6]は「ハードプロブレム（難しい問題）」と「イージープロブレム（簡単な問題）」を区別している。意識のいわゆるイージープロブレム（実は全く簡単ではないが）とは、例えば人間が五感の情報を統合して自分が置かれた状況を理解したり、感じていることや考えていることを言葉で描写したり、過去の出来事を思い出したりするなど、われわれが意識と結びつけている一連の認知能力を支えるメカニズムについて、明らかにしようとする試みである。特にこれらの認知能力はその行動によって明らかになる。われわれは世界を動き回り、幸福を維持し、目標を達成し、そして社会の一部であろうとするとき、この能力の助けを借りている。

一方、意識の「ハードプロブレム」とは、（もう一人の哲学者、トーマス・ネーゲルの表現を借りれば）[★7]「意識を持つ生物であるとはどのようなことか、なぜそのようであるのか」ということを、科学の言葉で説明しようとする試みである。なぜわれわれには主観的な感覚と感情があるのだろうか？　私は今、電車の窓から過ぎ行くイングランドの靄がかった田園風景を見ているという主観的な視覚経験は、いかにして私の脳内で発生するのか？　この問題の難しさは、私が同乗者を見たときに生じるある懐疑的な考えに由来している。彼らがいかに振る舞い行動しようとも、たとえ物思わしげに風景を眺め、その美しさについて語っていようとも、その実、彼らは何も体験していないと推察することは、少なくとも論理的には可能なことである。私には彼らの個人的内面世界に立ち入ることはできない以上、そもそも彼らにもそれが備わっているとどうして確信することができようか？　ひょっとすると彼らは単なるゾンビ、オートマトンなのかもしれない。

この懐疑的思考の哲学的効果は必ずしも疑義を生じさせることではなく、むしろ意識が持つ二つの側面——かたや客観的な行動発現を伴う外的側面、かたや全く主観的で個人的な内的側面——の間に横たわる明らかな境界に注意を向けさせることにある。ハードプロブレムすなわち内的側面を科学用語で説明することは不可能である、と一部の哲学者は信じている。それでも彼らの多くは、イージープロブレムのほうは解決可能であると認めるだろう。意識の外的側面は、それに関連づけられるさまざまな認知能力を生じさせるメカニズムを究明することによって、科学的に説明できるようになると。

ところでこれらすべては、いったいＡＩと何の関係があるのだろうか？　それは、ＡＩのさまざまな形のさまざまな影響を論じるにあたり混乱が生じないよう、あらかじめ内的・外的側面の区別を明らかにする必要があるからである。もしわれわれの懸念が、われわれの制作物に対して道徳的義務が生じるか否かであれば、重要なのはＡＩに内的な意味の意識があるか、ＡＩであるとはどのようなことか、である。だがその懸念がむしろＡＩが人間社会に及ぼす影響についてであれば、意識の外的側面に限定して議論を進めることができる。人類社会に好影響を及ぼす限りにおいては、超知能機械が「本当に」意識を——いわゆる内的な意識を——持っているのか、「本当に」われわれに対して思いやりの気持ちを持っているのかどうかは、何の関係もない。意識があるかのように振る舞うことができれば、それで充分である。われわれを思いやっているかのように振る舞うことができれば、それだけで充分良いことである。

だが、この単に思いやりを持っているかのように振る舞っているだけのＡＩが永久にそのように振る舞い続けていくかどうかは重要である。しばらくのあいだ思いやりの感情を示したかと思えば、いきなり前触れもなくわれわれに牙をむき出すＡＩ――これは望ましいことではない。ではどのようにしてこのような事態を確実に防ぐことができるだろうか？　アプローチの一つはＡＩをできるだけ人間的に設計することであり、その方法論の一つはＡＩの構造をできるだけ脳に近いものに設計することである。ＡＩの基本設計が生体脳に近ければ近いほど、その行動はわれわれが授けた基本的な価値体系を永遠に反映したものとなり、それはＡＩの知能が拡張されても変わらないだろう、との確信を持てるようになる。だがわれわれの今の関心は、むしろゼロから作られたＡＩの側にある。

このタイプのＡＩがどのように振る舞うのかを理解するためには、意識に関連づけられる一連の認知属性をまず取り分けておかねばならない。なぜならば、これらの認知属性は人間においては常に相伴うものであるのに対し、ＡＩにおいては、それらは別々に発生するかもしれないからである。このようにして認知属性をいったんていねいに脇に置けば、次のような問いを発することができ、この章の冒頭で直面した数多くの疑問にも立ち返ることになる。すなわち、ＡＩの可能性の空間のあらゆる場において、汎用知能と意識（外的な意味で）はどの程度まで相伴うものなのだろうか？　ひょっとすると超知能には人間の意識に関連づけられる一連の認知属性は不要かもしれない。その一部は必要とされるかもしれないが、それはすなわち人工超知能が必然的にある種の意識――それがたとえ人間にとって異質な性質のものであっても――を持ち合わせているということになる。

意識にとって必要であるばかりでなく密接に関連している認知属性が三つある。それは、(1)明白な目的意識、(2)環境と現状に対する認識、(3)知識と知覚と行動を統合する能力である。ある動物が他の動物を捕まえようとしているとき(例えば、猫とネズミ)、われわれはそこに即座に双方の**目的**を見出す。そこにはかたや相手を捕まえたい動物、かたや相手から逃げたい動物がいる。双方の狙いは、動物が持っているとわれわれが仮定する一連の複雑な目標と要求の集積の上に成り立っており、このことがわれわれをしてこの動物たちの行動に意味を見出させ、その展開を予測させるのである。要するに、われわれはこの動物たちの行動に意図を感じることができる。そして、ネズミが穴を見つけ出してその中に逃げ込むときのように、動物は周囲を**認識**することで自分が置かれた状況を感知し、自分の目標と要求に合致するように、その状況に対処する。

最後に、動物は、知覚している状況だけでなく過去に知覚したことやその帰結として知るに至った事象に対し、行動が一貫した整合性を持つときに、自らの認知的**統合**をフルに発現させる。例えば先ほどの猫は、ネズミが下のほうのどこかにいることを知っており、そのため穴から出てきたときのことを考えてその傍らで待っているほうが良いことも知っており、さらには自分が（遊びたいのではなく）本当はお腹がすいているのなら、飼い主に餌をおねだりすればいいことも知っている。これを、例えば私の二〇一五年製のモバイルPCと比較しても、その差は巨大である。私のPCがこのような意図を感じる挙動を示したり、何かしらの自立性を発揮するようなことはありえない。環境――それもこの言葉の解釈をだいぶ拡大し、例えばインターネットを含めるとしても――を、PCが認識しているというのはナンセンスである。PCは、その目標や要求をよりよく達成するために、自分が保持またはアクセスができる情報を有効に統合することができない。なぜならPCには、そもそも目標や要求があるとは言えないからである。

その一方で、人工物に先ほどの三つの認知属性の簡易な形を見出すのはさほど難しいことではない。ロボット掃除機や自動運転車は、共にある程度の環境認識能力を示し、自らのシンプルな目標に合致する形で状況に対応することができる。このような自立性や意図を持っているような印象は、実体を持たないパーソナル・アシスタント・アプリからは感じられないだろう。だがこれらのアプリは、検索の傾向やGPSデータ、カレンダー入力など、雑多なソースからの雑多な種類の情報を統合することができる。これらのテクノロジーの統合と洗練化が進んでいくにつれ、スクリーンとスピーカーの後ろに潜む知性的な存在を錯覚することは多くなるだろう。

では、超知能AIの場合はどうだろうか？　そこに前記の三つの認知属性が認められない限り、あるシステムがどのようにして汎用知能、ましてや超知能を獲得することができるのか、想像するのは容易ではない。ロボット掃除機はその目標が数分程度の観察で看破されうるほど単純であるのに対し、超知能ＡＩの振る舞いを貫く包括的な動機を推し量ることには困難が予想される。それでもＡＩは、人間がより容易に理解しうる多くの補助的な目標を追求し続けていかなければならないだろう、そしてそれゆえにわれわれはＡＩの振る舞いには意図があると疑わないだろう。さらに、ＡＩはその汎用知能としての地位を保つためには自らが身を置く世界（リアルかバーチャルかは問題ではない）を常に認識していなければならないし、かつその認識が発現するような形で周囲の現象に対処できねばならないだろう。

そしてもう一つ、人工超知能には高度な認知的統合能力を発揮することが求められるだろう。解決を試みるどんな問題に対しても、付与された知覚センサーとデータフィードの特性をもって得られたあらゆる情報を結合し、その認知能力を総動員することで対処することができるはずである。これら三つの認知属性――目的、認識、統合――が組み合わさったとき、これらを兼ね備えた人工知能と相対する人間は誰しも、そこに一つのまとまった大いなる知性を感じるだろう。要するに、この議論に従えば超知能ＡＩは一種の意識の外的特徴を必然的に示すことになるということである。

5・4　超知能の自己認識

ここでは、われわれが人間の事例において意識と結びつけているその他の属性について注目してみよう。最初に検討するのは**自己認識**である。映画『ターミネーター』シリーズの第二作では、架空のＡＩシステムであるスカイネットに「自己認識が芽生える」ことで深刻な事態が到来するさまが描かれている。だが人間にとって自己認識とは何だろうか？　そしてそれは実際のＡＩにとってどんな意味を持つのだろうか？　はたしてそれは汎用人工知能にとって必要なものなのか？　あるいはそれは必要不可欠な特徴ではなく、人間とは全く異質な意識の形を体現した超知能ＡＩの可能性を開くことを意味するのだろうか？　改めて述べるが、われわれの関心はこの認知属性の外的発現に向けられている。ここでは、自己認識的であるとはどのようなことか、そのいわば内的側面はどのようなことか、といった主観性にまつわる哲学的に難しい課題は度外視する。

人間（または他の動物）には、この認知に関連した外的感覚の中で明らかに自己認識の中心となる物質のかたまりが明快な形で空間内に存在する。それはすなわち、身体である。われわれは自分の四肢や、空腹・疲労といった体内の状態を認識している。だが人間の自己認識はそればかりではない。それをたとえ行動を伴う認知属性としてのみ捉えたとしても、人間の自己認識とは身体だけでなく心にも関係している。人間は自らの信条や計画、外に表明する考えや露わにする感情について認識している。必ずしもわれわれがわれわれの信条や目標や思考に対して抱く信念が的確であると言っているわけではない。だがわれわれはこれらを利用し、そしてこれらを有効に顧みることができる。私はロンドン行きの電車の次の時刻を知らないが、同時にそれを私が知らないことを知っており、その状況を改善するために時刻表を参照することもできる。

同じように、私は私自身の思考と感覚の現在進行中の過程、ウィリアム・ジェームズの言葉を借りれば「意識の流れ」も認識している。★8 そしてこの意識の流れは、私が（夢を見ずに）眠ることで止まるということも知っている。つらいことだが人生の最期について考えるとき、それは単に物質としての身体だけでなく意識の流れの最期でもあり、私はその運命の瞬間が訪れるのをできるだけ遅らせ、寿命を延ばすために手を打とうとも考えるだろう。これら多様な感覚の中で、私は自己の存在について認識をし、また自己の保存のため、この存在を守ろうとする本能を働かせるだろう。

では、人間レベルまたは超人間レベルの知能を備えたＡＩにとって、これらの感覚に内包された自己認識はいったいどの程度必要なのだろうか？　まず、先に触れた他の三つの認知属性のケース同様、自己の信念も、計画も、そして思考プロセスも省みることができない存在を汎用知能と呼ぶのは難しい。超知能と呼ぶに値する存在ならば、自らのアバターがたとえロンドン行きの電車を逃してもただベンチに座らせておくようなことはしないだろう。より真面目な話、そのＡＩが過去の問題解決手法の成功事例を逐一参照しながら推論プロセスを構築するとして、その最適化を実現するためにあえて失敗するのをわれわれが期待するようなことはまずないだろう。

他方、人間の自己認識の特定の側面には人工知能への適用が容易でないものもある。例えば、ＡＩは必ずしも身体化されていない。もちろん、もしＡＩが身体化されているか、もしくはそのアバターが存在するならば、このロボット身体の挙動からは自身の身体パーツの配置に対しての何らかの感受性の発露があるはずである。さもなければ、ロボットは倒れたり崩れ落ちたり物を落としてしまったりするだろう。だが人工超知能が身体化されていないことも考えうるので、この自己認識の側面は汎用知能に必ずしも付随するものではない。より慎重を要する点が、すなわちＡＩが自己の存在そのものを認識するのかという問題であり、またそれに伴うような形で、ＡＩに自己保存の動因が発生するのかという問題である。人間にとっては重要極まりないこの自己認識の側面は、汎用人工知能にとっても必要な要素なのだろうか？

これこそがＡＩのアイデンティティは何によって構成されているかという問題である。それが保存しようとするものは正確にはどのようなもので、それが認識しているのはどの存在なのか？　そもそも、この文中の「それ」とはいったい何なのか？　ここでもまた、われわれは哲学的に難しい領域に接近している。個人のアイデンティティの問題は、洋の

人間にとっては重要極まりない自己認識の側面は、
汎用人工知能にとっても必要な要素なのだろうか?

東西を問わず哲学者が何千年にもわたって苦闘してきたものだ。だが、繰り返すが、われわれの今の関心はあくまでも機能の面、および行動の面に限定される。議論の対象となっているAIは哲学者となるべく設計されるわけではなく、あくまでも時と共にその成果を最大化するべく作られる。さらにはここでの課題はこのような可能なAIの空間について想像することである。その背景において、われわれが追求するのは、汎用知能となるためには自己認識のどの側面が必要とされるのか、あるいはそもそも必要なのか、を知ることである。どの側面がむしろ必要でないのかを明白にすることが、機械の超知能の本質について擬人的な間違った仮定に陥るのを防いでくれるだろう。

すでに見たように、身体化されていないAIも想像することができる以上、超知能AIが自らを認識するのに腕、脚、触手などを備えた特定の物質的身体が不可欠であると考えるべき根拠はない。さらには、AIが特定のコンピュータハードウェアの集合に自らのアイデンティティを見出すとする根拠もない。同一のコードが多数の異なるプロセッサ上で分散処理されることもあるし、その処理が中断されることなく別のプラットフォームに移行されることもある。同じ理由で、AIが自らのアイデンティティを特定のコードベースに求めるとする理由もない。ソフトウェアに改変はつきものである。デバッグ、アップグレード、拡張あるいは設計改修などが、ひょっとするとAI自身によって行われる可能性も想定できる（巧妙な計算処理を行う多数の半自律型スレッドによって構成されたシステムについて想起されたい。それぞれのスレッドは実のところ、ごくはかない存在でしかない）。

他にＡＩの自己を構成しうる要素はあるだろうか？　ありうることではあるが、ＡＩが自らを一連の思念や経験の記憶で構成された、物質世界から離れて浮遊する非物質的な存在と認識するのは、いささか妙ではある。ＳＦ映画ではしばしばこのような考えが取り上げられている。だが、超知能ＡＩがこのような内面性を持つようになる保証など何もない。たとえそうであったとしても、このような自我の捉え方は二元論的な現実概念に基づいた考えであり、それは人工知能はおろか人間においても適用が疑問視されうる。人工超知能がかように疑わしい形而上的な形をとると考えるべき理由はどこにもない。特にそれが――ここが大事な点だが――期待報酬の最大化に全くつながらない場合は、なおさらである。[★9]

自己保存についてはどうか？　これに関する限り、超知能ＡＩの中枢部にある強力な最適化ルーチンが自らの報酬関数、また同時にこの報酬関数を徐々に最大化するための手段を保持しようとするだろうことは充分想像がつく。特定のコンピュータプロセス（と、それを実行するのに充分なハードウェア）同様、報酬最大化の手段にはさまざまなリソースが含まれている可能性がある。それらは例えば、リアルタイムのセンサー情報など、これらのプロセスがアクセスできる一連のデータ、さらにその作動体や他の装備など、プロセスによってコントロールできるもの（例：衛星、軍事用ハードウェアなど）、そしてそれらによって発揮されうるさまざまな可能性や影響力である（例：株式売買の能力、他者と契約を締結する能力など）。

　しかし、こうしたデータの保存は、徐々に報酬系を最大化しようとする全体的な動機を補助するものであり、その目的には純粋に道具的な側面しか認められない。最適化ルーチンが保存しようとするコンピュータプロセス群の中に、実は最適化ルーチン自体を構成するプロセスも含まれていて、それが外面的には自己認識の印象を与えている、ということも考えられる。だがそうではないかもしれない。留意しなければならないのは、報酬はＡＩのためにあるのではないということだ。それは単にＡＩが最大化しようとしている関数にすぎない。それを「享受」するためにそばにいる必要もない。もしＡＩの報酬関数がある機械部品の生産最大化に関わっていたとした場合、その最適な戦略は、まず機械部品の工場に発注書を送り、次に自分自身を分解してしまうことだろう（岩に一度定着したホヤが、もはや使うことのない脳を自分で消化してしまうという話のように）。

５・５　超知能の感情と共感

　少しまとめよう。ここまで、人間の意識と関連したさまざまな認知属性について見てきた。そしてこれらの要素を、人間のレベルあるいはそれを超えたレベルのＡＩにも求めるべきか否かについても論じてきた。今焦点となっているＡＩとは、人間の脳とは異質のものである。それは全くのゼロから作られたものだ。そのため、われわれが人間の意識に関連づけている特徴を何一つ示すことのない、まったく人間的とは言えない存在である可能性がある。それでもこれらの認知属性のいくつかは、汎用知能にとっておよそ不可分な付属物である可能性がある。特に認識と目的と統合の認知属性はあらゆる汎用知能には必ず備わっており、それがある種の意識の存在を感じさせることにつながっているということは充分考えられる。しかし、同じく人間の意識の重要な要素である自己認識については、もちろんＡＩがそれを持つことは考えられるが、それはわれわれが見慣れたものとはだいぶ異なる様相を呈しているかもしれない。

ここからは、人間意識に関連づけられる残りの二つの認知属性を見ていこう。すなわち、感情と共感である。純粋に認知的な視点では、汎用人工知能の機械学習の構成要素は、われわれが感情的とみなす状態と相関する人間行動の統計的規則性に気づくように規定されている。これらの規則性から情報を拾い上げなければ、人の行動データをまとめ、人の行動を効果的に予測する数学モデルに落とし込む機会を逸することになってしまう。逆にこのような数学モデルからＡＩの最適化コンポーネントが情報を引き出し、人間の感情を操り、そして調整することが考えられる。要するに、われわれは超知能機械がわれわれのことをわれわれ自身よりも熟知することを覚悟しなければいけない。

感情をまねるということも、ＡＩにとっては有効なスキルだろう。人間同士の有効なコミュニケーションチャンネルとして存在する顔の表情とボディーランゲージは、人間に似た形態で身体化されたＡＩや、人型のアバターを持つＡＩにとっても、その行動レパートリーのきわめて重要な部分となるだろう。同じく、声音もまた喜びや落胆、怒りや驚きなどを表すうえで有効である。これらのしぐさに真の感情の裏づけがあるかのように人を欺く必要はない。真相がどうであれ、これらはコミュニケーションの補助としてきちんと機能するからである。

それでも、前に見た邪悪なＡＩのボスの例にあるように、ＡＩがもし真に感情を持っていることを人々に納得させられたなら、ある特定の条件下であれば、それは報酬関数の最大化を達成する有利な立場を獲得することにつながる。そのなかでも、共感の情を示せることは特に有効な手段となりうるだろう。われわれが苦しむ様子を見て悲しむような存在は、われわれに危害を加えることに消極的だろうし、われわれが信頼するに値する存在となろう。同じように、もしＡＩがわれわれのことを慮っているように映るなら、われわれはそのＡＩをつい信頼して自律的に行動させてあげようと考えるだろう。もちろん、われわれのことをわれわれ自身よりも熟知している超知能機械であれば、共感している印象を与えることなど完璧に実行できるだろう。

以上のことが招くのは、何らかの邪悪な目標（世界征服など）を冷徹なマキャベリズムで追求するようになる超知能ＡＩと、騙されやすく、労せずして操作されて必然的に没落していくような人類のありさまだろうか？　そうではないだろう。ここで重要な問いとは、ＡＩが本当にわれわれのために悲しんでくれるか、真に共感できる能力を持ち合わせているか、であるかのように思われるかもしれない。共感の情をまねるだけのＡＩは単なる危険なサイコパスだが、われわれを慮ってくれるＡＩならば絶対にわれわれを傷つけることはしないだろう、と。だが実際に重要なことは、ＡＩがどのように感じるのか、ではなく、どのように振る舞うのか、である。本当の友だちのように、ずっとわれわれが望むような行動をとり続けるのか、である。

　結局のところ、すべてはＡＩの報酬関数に左右される。認知的視点から見ると、人間的感情とは行動を調節するための大ざっぱな仕組みである。意識に関連づけられる他の認知属性とは違い、汎用人工知能があたかも共感や感情を持っているかのように振る舞う論理的必然性はないように思われる。その報酬関数が適切にデザインされていれば、ＡＩの慈悲の心は保証されるだろう。だが、好ましくない挙動を絶対に発生させないような報酬関数を設計するのは極度に困難である。後に触れるが、超知能ＡＩの報酬関数にちょっとした綻びが生じれば、破滅的な状況を招くことも考えられる。この綻びが、宇宙的な広がりと果てしない豊穣に彩られたユートピア的未来と、果てしない恐怖と滅亡もありうる暗黒の未来とを分かつことになる。

だが、好ましくない挙動を
絶対に発生させないような報酬関数を
設計するのは極度に困難である。

第6章　AIが及ぼすインパクト

6・1　人間レベルのAIの政治経済効果

ここまで、脳ベースの方法あるいはゼロから設計する方法という、人間レベルの人工知能の実現可能性について、さまざまな主張を検証してきた。いったん人間レベルのＡＩが実現すれば、その後の流れはもはや止めがたいものとなるかもしれないことも見てきた。人間レベルのＡＩから超知能への移行は不可避かつ迅速に起こるだろう。再帰的な自己改善によって知能の爆発が到来すれば、そこから生まれるシステムや制度の数々はとても強力なものとなる可能性が高い。それはどのような振る舞いを示すのだろうか？　友好的か敵対的か、予測可能か不可解か、共感や苦しみを経験できる意識を持ち合わせているか？すべてはそのシステムの設計と構成、そしてそれが暗にまたは明示的に実行する報酬関数に左右される。

現在想定されるさまざまな形態のＡＩの中で、いったいどれが実際に現実のものとなるのか、またそのようなことははたしてあるのか、といったことの判断は容易ではない。それでも、機械の超知能がどのような形であれ現実のものとなった場合に、それが人類社会にどのような結果をもたらすのかを想像することはできる。だがまずは、その発展を促進あるいは阻むような要因のいくつかを、経済・社会・政治の側面から検証していこう。そもそも、なぜ誰もが人間レベルの汎用人工知能を作りたいと思うのだろうか？　最も明白な動機は経済的要因である。そして成長の最大のカギは**オートメーション**である。もちろん、オートメーションの拡大は一八世紀の昔から産業界の潮流であり続けたが、汎用人工知能の発展に伴い、今までこの潮流とは無縁であった多くの業務がオートメーションの洗礼を受けることになるだろう。

上記に該当する活動は**ＡＩ完全**と呼ばれる業務である。ある問題がＡＩ完全とされるのは、その問題を解くことのできるコンピュータを作るために人間レベルのＡＩが必要不可欠な場合を指す。ＡＩ完全と言われる問題には、チューリング・テストを（きちんと）パスすることや、専門レベルの機械翻訳などが挙げられる。弁護士、管理職、マーケットリサーチャー、科学者、プログラマー、精神科医など、これらの職業もすべてＡＩ完全であるように見える。これらの職務を的確に遂行するには、物理的世界と人間の営みに対する常識的な理解と、さらには一定の創造性が求められる。だが人間レベルのＡＩが実現すれば、機械がこれらの仕事を請け負うことも考えられるし、さらにはこの仕事を人間よりも安く効率的に実行してしまうことも考えられる（ＡＩたちを良心の呵責なく奴隷のように扱える限りにおいて、だが）。その場合、確かにそのようなＡＩの実現に必要なテクノロジーを開発する強力な経済的インセンティブが働く企業などが現れることになるだろう。

オートメーションは、高性能かつ汎用的な人工知能の潜在的な成長分野の一つにすぎない。新しいテクノロジーは全く新しい応用領域を生み出し、ライフスタイルの根本的な再定義を促すことができる。インターネットやスマートフォンが与えたインパクトを思い起こすといい。汎用人工知能は、少なくともこれらと同等の影響をわれわれの日常生活に及ぼす可能性を秘めている。ＳＦには家政婦ロボットが頻繁に登場するが、現実には、人工知能はより環境に溶け込んだ形で存在する可能性が高く、車や掃除機、芝刈り機など、さまざまなロボット的身体に一時的に「乗り移る」ことができ、またウェアラブルやポータブルなデバイスを介して人間に寄り添うこともでき、そして調理器や３Ｄプリンターなど、あらゆる据え置き型の生活・業務器具を制御することができるだろう。

あなたが家を離れるとき、それまであなたが掃除機やロボットのペットと交わしていた会話の内容はシームレスに自動運転車へと引き継がれるだろう。それはまるで、一人の「人」がこれらすべてのデバイスを乗り継いでいるかのように映るだろう（もっとも、それを支えるコンピュータ処理は世界中のどこにも存在しうる無数のプラットフォーム上に分散している可能性が高い)。必ずしもわれわれの全員がこれに飛びつくとは限らないが、これは非常に魅力的な未来図である。AIによって補助されるライフスタイルの巨大市場の見通しは、コンピュータビジョン、機械学習、自然言語処理、最適化など多くの実現技術の開発を推し進めるだろう。

これらの実現技術の漸進的な改善の蓄積と、広範なセンシングの普及とインターネット上の有益なデータ量の増加によってだけでも、われわれが人間レベルのAIに辿り着くのには充分かもしれない。巨大プロジェクトの実施や既成概念の打破を待つまでもなく、創造性やその他の欠けているいくつかの要素を導入する賢明かつシンプルな最後の一押しのみで充分なのかもしれない。もっと大きな推進力が必要とされる場合、特定用途の(つまり、汎用的ではない)AIのテクノロジーが帯びる経済的重要性は増すばかりなので、関連する基礎研究への投資と資源投下は約束されていると言っていいだろう。

市場経済は、汎用人工知能の推進の一つの要因である。だが、経済成長に勢いを与える目的以外にも、国家予算がその開発の加速に資するべき理由もまた多く挙げられる。軍の指導層が自分たちの役目を人工知能に取って代わられるのではないかと懸念するのは理解できる話である。その一方で、自律型兵器の発展によって迅速な意思決定の必要性が生じているのもまた確かである。例えば、自律型飛行装置を戦闘に利用する理論的根拠として挙げられるのは、スピードと機動性能である。自律型航空機には、人間のパイロットよりも素早く、正確に脅威を検知し、回避し、無効化できるポテンシャルがある。このような状況では、人間の介在が物事の進行を遅らせることになってしまうだろう。

空中戦においてこのような航空機の大群がせめぎ合うことになる可能性を考えれば、迅速な戦術的判断を実行するＡＩの展開がもたらす優位性は一目瞭然となる。このような状況を前にすれば、軍指導部の狼狽も一気に霧散するだろう。そして高性能なＡＩテクノロジーの導入が、軍の意思決定のさまざまなレベルで検討されることになるだろう。ここで発生する政治の力学は、一九四〇年代から一九五〇年代の核兵器の発達過程においても見てとれる。当初、強力な兵器を開発する動機はもっぱら敵国（それがどこであるかは関係ない）が先にそれを発明してしまわないかという不安であり、それはあらゆる道徳的な懸念をかき消すのに充分であった。やがて両陣営が兵器を手にするに至り、今度は軍拡競争へと続いた。

このような希望のない見通しではあるが、ＡＩの軍事利用に対する肯定的な意見もまた検討に値する。人間の兵士に比べ、自律型兵器はより精確でミスが少ないという潜在力を持つ。より冷静に使用できるため、いわゆる市民の巻き添え被害の軽減にもつながりうる。その意思決定は決して恐怖や復讐心、怒りなどに左右されない（言わずもがなだが、ここで議論しているのは人間に似た脳ベースのＡＩのことではない）。だが今の論点は、軍事用ＡＩの是非を問うことではない。軍事利用の可能性は、高度なＡＩテクノロジーの将来的な開発に向けた新たな推進力である、というだけのことだ。

人間レベルのＡＩの開発を推し進める他の動機は、より理想主義に根差したものである。数世紀にわたるテクノロジーの進歩は、人類に多大な恩恵をもたらした。医療と農業の発達により、それまでごく一握りの人しか享受できなかった生活水準に、今や先進国の億単位の人々が達することができるようになり、またそれと共に健康管理、栄養事情、寿命などが劇的に向上した。料理、食器洗い、洗濯など、家事負担を軽減してくれる装置をわれわれは使うことができる。余暇の時間はたっぷりあり、その楽しみ方もまた、われわれの先人が見たら魔法としか思えないようなものである。その一方で人類は、気候変動、化石燃料の枯渇、長期にわたる紛争、拡大する貧困、そしてガンや認知症のような不治の病など、世界的規模の問題に直面してもいる。

これらの問題に立ち向かうにあたり、最大の希望はやはり科学とテクノロジーの発展であり、それを加速させる最良の方法はやはり、より多くの優秀な知性を集め、訓練し、実務に専心させることである。であれば、人間レベルの人工知能、それも人間の知性を補完するような知的長所と短所が配された人工知能が出現すれば、より急速な進歩が実現するだろう。人間レベルのＡＩが時を待たずに超人間レベルのＡＩへと引き継がれ、そしてそれが知能の爆発的発達を引き起こすことになれば、その結果確立されるであろうシステムがわれわれの望みどおりに動いてくれる限りにおいて、進歩のスピードは確かに著しく上がるだろう。レイ・カーツワイルのような楽観的な論者に従えば、機械的な超知能によって貧困と病が駆逐され、空前の豊かさに彩られた時代がもたらされる可能性もある。

だがこのユートピア的なビジョンも、次に述べるような、人間またはそれ以上の知能を備えた機械を作ろうとする宇宙論的規模の動機の前ではかすんで見える。ロボット工学者のハンス・モラベックが描く未来は、世界の一部が「早い段階でサイバースペースへと変貌し、人は情報の流れのパターンとして存在し、拡張し、自己のアイデンティティを守っていく［……］最終的には光速に近いスピードで拡張し続ける精神の泡となる」★1。地球の生物学的な制約に囚われず、人間にとっては致命的な極限の温度環境や放射線にも耐え、恒星間宇宙を何千年も旅することによって引き起こされる心理的なトラブルとも無縁でいられる、自己複製が可能な超知能機械ならば、銀河を征服するのにうってつけの存在だろう。充分に大局的な観点に立てば、このような未来を促進するのは人類の宿命とも言えよう——たとえ自身は（生身では）身体的にも知的にもこの未来への参加はかなわないとしても。

6・2　超知能はいつ生まれるのか？

カーツワイルを筆頭に、何人かの論者は超知能が現れる時期についてきわめて精密な予測を立てている。二〇〇五年の著書の中で、カーツワイルは二〇四五年になれば地球上の非生物の知能の量が確実に全人類の知能を凌駕することになると主張している。[★2] 彼の予測はこれまでの**指数関数的な技術推移の傾向**を未来に投影する外挿法［既知のデータを基にして、未来の事象を推定する方法］に立脚している。指数関数的な推移で一番よく知られているのは、これまで幾度も触れてきたムーアの法則である。これは、特定の面積を持つシリコンの上に製作できるトランジスタの数量はほぼ一八カ月ごとに倍になる、というものである。

　ムーアの法則が初めて提唱された一九六〇年代半ばから二〇一〇年代半ばまで、半導体産業はこの法則に準拠する形で推移し、また他にもこれに沿った多くのコンピュータ関連の統計情報を提供してきた。例えば、一秒あたりの浮動小数点演算数（FLOPS）は世界最速のスーパーコンピュータの力を借りて一九六〇年代から指数関数的に増加した。他のテクノロジー分野でも似たような指数関数的推移が見てとれる。一九九〇年、人間の遺伝子の完全解析を一五年で達成することを目標に掲げたヒトゲノムプロジェクトが始動したが、初動段階では一年でヒトゲノム全体のわずか1パーセントを解析するのが精いっぱいだった。だがDNA解析技術はその後指数関数的に進歩し、二〇〇三年には二七億ドルを費やしてプロジェクトは予定よりも早く終了。その十数年後には、人間のDNA解析はたったの一〇〇〇ドルで実施できるようになった。

　これらの事実や他のテクノロジー分野での指数関数的推移の事例は、カーツワイルが提唱する**収穫加速の法則**を例証する。カーツワイルの理論によれば、技術進歩には複利型の金融投資と基本的に同じ原理が働いている。すなわち多ければ多いほど、増加のスピードもまた速い。年利10パーセントの口座にXドルを投資したとしよう。一年後には、1・1Xドルになっているはずだ。こうして獲得した10パーセントがさらに再投資され、Xドルの10パーセントではなく1・1Xドルの10パーセントが加算されるため、二年目はさらに多くの利益が得られることになる。同様に、ある技術が改良されることによってそれ自体の開発に影響をもたらし、結果としてその技術の改良スピードがさらに上がるとき、その技術分野はまさに収穫加速の法則に従っていることになる。

カーツワイルが導き出した二〇四五年という時期は、(1)一ドルあたりの現行のコンピュータ処理能力の指数関数的な上昇幅を外挿的に推定、(2)人間の大脳皮質の機能をリアルタイムでシミュレートするためのコンピュータ処理能力の規模を算出、という過程を経て求められた。カーツワイルの外挿法によるコンピュータ処理能力の指数曲線を辿ると、二〇四〇年代の中頃にはおよそ一〇〇〇ドルのコストで一秒あたり10^{26}回の命令が実行可能となる。人間の大脳皮質の機能をリアルタイムでシミュレートするためには一秒あたり10^{16}回のインストラクション実行速度が必要と推定すれば、上記の処理能力さえあれば、「一年間で製造される人工知能が、［二〇〇五年現在の］全人類の知能のおよそ一〇億倍強力なものとなり、（……）人類の能力に深遠で破壊的な変化をもたらすことになるだろう」。以上が、カーツワイルの説くシンギュラリティ（特異点）仮説である。

カーツワイルの論法に対する当然の、だが見当違いな反論として、カーツワイルはムーアの法則が二〇四〇年代まで有効であり続けるとの決めつけに基づいている、とする指摘がある。確かにカーツワイルの予測から一〇年経過した現在、ムーアの法則はまだおおむね有効ではあるが、鈍化の兆候も徐々に現れ始めており、二〇二〇年代のどこかでおそらく横ばいになるのではと考えられている。しかし、ムーアの法則は、より大局的な指数関数的推移の一局面にすぎない。それはつまり、平面のシリコンウェハー上にトランジスタを高密度で集積するという、コンピュータ技術のあくまでも一つのパラダイムについての記述である。一九六〇年代、集積回路の開発に先立ち、コンピュータを構成していたのはそれぞれ独立したトランジスタであり、さらにさかのぼれば真空管であった。最先端のマシンに使われているスイッチング素子の数を時系列グラフで表せば、始点がパスカルの機械式計算機にまでさかのぼる指数曲線を得られるだろう。

この全体的な曲線の詳細に注目していくと、メカニカルスイッチから高密度集積回路に至るまで、それぞれの計算パラダイムはすべて同一のパターンを描いていることがわかる。すなわち、技術の揺籃期における低成長期、それに続く急速な（指数関数的な）成長期、そして技術の潜在力がすべて余すことなく引き出されたときに横ばい状態へと至る推移である。別の言い方をすれば、全体の指数曲線はより小さなS字曲線の連なりで構成されており、その一つ一つがムーアの法則に対応しているのである。物理法則に従えば、この全体の指数曲線もまた、やがて横ばい状態を迎えるときが訪れ、自らもまたより大きなS字曲線であることを露わにするだろう。もちろん、そのときが訪れるのはまだずっと先の話である（セス・ロイドの理論上完璧なコンピュータの例を思い出してほしい）。それまでは、過去数十年にわたって半導体産業を支配してきたCMOSテクノロジーが新しい計算パラダイムにその座を明け渡すことを期待するとしよう。

カーツワイルの予言に対するより有力な批判は、充分な規模の計算処理能力さえあれば人間レベルのAIの開発は速やかに進められると想定するあまり、その達成のために必要な科学の進歩を軽視しているのではないか、という指摘である。既存の技術のスケールアップだけに頼った力ずくの全脳エミュレーションだけが唯一成功しうるアプローチであり、しかもその可否は、脳のスキャン技術と計算処理能力が指数関数的に向上することを前提としている。人間レベルのAIへの他のいかなるアプローチも——生体脳のリバースエンジニアリングを経たリエンジニアリングも、あるいはゼロから強力なアルゴリズムを作り上げる手法も——その実現には科学の相当規模のブレークスルーが必要となろう。

ある程度楽観視できる根拠はある。しかしこれだけでは確かな予測を補強するには不充分である。例として、カエノラブディティス・エレガンス（*C. Elegans*）を挙げよう。この極小の線虫は、生物学者のあいだではモデル生物として今まで多くの研究の対象となってきた。その神経細胞はわずか三〇二個で、その配線図の全貌は一九八〇年代にすでに解明されている。にもかかわらず、C・エレガンスの神経回路機能（および身体機能）をコンピュータ上でシミュレートしようとする試みは、クラウドファンド型のオープンサイエンスプロジェクトOpenWormが良い進展を見せているとはいえ、二〇一〇年代の半ばに至ってもいまだ達成の見込みはない。[★3] その大きな要因は、この三〇二個のニューロンの信号伝達特性に関する基本データの不足にある。

　C・エレガンスの神経回路を構成するたった三〇二個のニューロンの解明に要した時間を考えれば、人間の大脳皮質にある二〇〇億個のニューロンを、はたしてカーツワイルの未来年表にある二〇二〇年代半ばまでにリバースエンジニアリングする目処など立つのだろうか？　実は、いくばくかの希望はある。しかしそれはあくまでも希望にすぎない。必要とされるブレークスルーがいったいいつ発生するのか、ダーウィンのような天才的な脳（あるいはアインシュタインのような傑出したＡＩ）がいつ出現するのか、誰にもわからない。ではテクノロジーのシンギュラリティ（特異点）を単なるＳＦの話として片づけてしまえばいいのかと言えば、そうではない！　正確な年代を求めようとする試みはいわば余興の類いである。人工超知能が二一世紀中のある時期に出現する高い可能性があり、それが人類に多大な影響を及ぼす潜在性を秘めているだろうということは、現在のわれわれの注意を引くに充分な動機を与えてくれる。

人工知能の議論において、実際の現場に身を置いていない立場、特にメディアが犯しがちな二つの相反する誤りがある。一つ目の誤りは、人工知能はすでに存在する、あるいはそうでなくともすぐ世の中に登場するだろうという印象を与えることである。確かに、ＡＩテクノロジーのごく一部の特定の技術については、日常生活への応用の活路は着実に開かれてきている。しかし現在のＡＩテクノロジーでは、人間レベルすなわち常識や創造性を備えた汎用人工知能の実現はまだ遠い彼方にある。時たまジョークを飛ばすように設計された会話《チャット》ボットや、人間の動きを目で追うことができる人型のロボットの前では、そのような印象は受けないかもしれない。だがＡＩの懐疑論者ならば即座に正しく指摘するだろう、「それは単なる錯覚にすぎない」と。

一方でその懐疑論者が陥りやすい誤りとは、人間レベルの汎用人工知能は絶対に実現しないと想定することである。カーツワイルの未来年表が示すとおりになるのかならないのかはわからない。だがこれまで議論してきたように、人間レベルあるいはそれを超える人工知能に至る複数の有望な道が存在するし、またそれぞれの過程は技術的にも実行可能なものである。自分の寿命を延ばしてくれる医学研究の加速につながるシンギュラリティが起こることを切に願うようなケースをのぞけば、未来年表の正確性は特に問題にはならない。あなたや私の寿命などよりも大事なことは、われわれが未来の世代に受け渡す世界のありようである。そしてそれは、人間レベルのＡＩの到来によって大きな変貌を遂げることになるだろう。フリードリヒ・ニーチェが述べたように、未来の思想家のドアの上には次のような表札が掲げられている。「私のことなどどうでもいい！」★4

6・3 労働、余暇、豊かさ

ＡＩ技術が今後数世代のあいだに人間社会を変貌させうると考えるのに、わざわざＡＩの進歩のタイムテーブルを引いたり、超知能の出現時期を正確に予測する必要はない。人間レベルのＡＩがすべての認知能力を余すところなく備えた状態で到来するよりはるか前に、多種の専門に特化したＡＩ技術が開発されることになり、それによって多くの分野、それも従来はコンピュータ・エミュレーションでは再現できず、一部の教育ある専門家の独壇場だったある種の常識的思考が必要とされる分野でも、ＡＩは人間を凌駕する成果を発揮できるようになるだろう。

この段階を、仮に**ＡＩの破壊的技術の第一波**としよう。この破壊的変化の波がどのような形をとるのかを見ることで、その後の**ＡＩの破壊的技術の第二波**の様相を想像することが可能になる。破壊的変化の第二段階は、実際に人間レベルのＡＩが開発され、すぐ後に超知能の誕生が続くことによって到達される。

将来起こりうるこの二つの破壊的変化の段階を明確に区別することはきわめて重要であ

る。第一の破壊的変化はほぼ間違いなく発生するだろう。自動運転車、知的なデジタル・パーソナル・アシスタントなどの登場により、その胎動は今日すでに感じとることができ、二〇二〇年代には大きく花開くことが想像される。対して第二の破壊的変化はより遠い未来の予想であり、確信をもって予測すること、ましてやその時期を言い当てることは非常に難しいが、その潜在的なインパクトははるかに巨大である。

特化型ＡＩが高性能になるにつれてすぐにも発生する最も明らかな影響は、おそらく労働の領域に現れるだろう。★5 多くの点で産業革命以来の流れの延長上にあると言え、その影響は良くも悪くも同様である。一方では、オートメーションの拡大は製品の生産コストを下げて経済成長を活性化し、それにより労働時間の短縮、生活水準の向上（議論の余地はあるが）、平均寿命の増大へとつながる。その反面、オートメーションの拡大は失業を招き、伝統的な生活習慣を脅かし、そして（これも議論の余地があるが）富と権力と資源の寡占をもたらす。一九世紀の英国、ラッダイト運動によって機織機械が次々と破壊された時代と比べても、今日の論点は変わらず、見解も同様に真っ二つに割れている。

しかし、もしかすると高性能な人工知能テクノロジーはある一点において過去の時代のイノベーションと異なるかもしれない。昔は、新技術が新たな雇用を創出するのと同じくらいに雇用を脅かすという見解も成立しえた。だが機械化とオートメーションの恩恵にあずかった二〇世紀の雇用状況は、農業と製造業からサービス産業、教育、医療へとシフトする様相を呈するも、全体的な失業率の増加を招くことはなかった。むしろ生産量は増加し、種類が増え続ける製品の数々は高学歴のホワイトカラーの割合が増え続ける労働者の手に届くようになった。しかし、高性能な特化型ＡＩの誕生はより多くの職業を揺さぶることになり、ロボット技術の発達は製造業の内で残された手工業の職種を脅かすことになるだろう。

要するに、先進国経済の維持のために人間が担わねばならない有給労働の総量は今後、確実に減少していくということである。これが現実となれば、その後はさまざまな展開が予想できる。ある見方では、社会の分断化が進み、最も儲かる仕事はごく一部の人間によって独占されているかもしれない。彼ら高学歴で高度にクリエイティブなエリート層は、人間が依然として機械よりも優秀でいつづけられる数少ない職種、つまり起業家や創造的な職種などを保持し、この潮流に抗い続けるだろう。残るその他大勢は、仕事を失うことになる。だが彼らの基本的な生活ニーズは十二分に満たされるだろう。この想定から垣間見えるのは、増加する多種の製品とサービスが経済的な底辺層にも行き渡る豊かな時代である。

別の見方として、より平等な社会もまた考えられる。そこでは最も高度な教育がすべての社会構成員に与えられ、創造性があまねく奨励され、褒賞される。社会的価値を持つ余暇活動が金銭的価値をも帯びるような社会制度を敷くことができれば、有給労働と余暇の垣根は取り去られるだろう。例えば、作家であり情報テクノロジー批評家のジャロン・ラニアーが提唱する少額決済のシステムでは、個人が作成したあらゆるデータないしはデジタルコンテンツに対し、それが消費されるたびに作成者に収入が発生する仕組みが提示されている。★6 この例やそれに類似するモデルも含め、そこには権力と富と資源のより公平な分配を促す道が潜んでいるかもしれない。これはまた、人間がもはや労働の必要性に縛られることなく、アート、音楽、文学など好みの分野を自由に追求することが許される空前の文化表現の時代の到来を支えることになるかもしれない。

しかし、その実現には途方もなく大きな社会的、政治的意志が必要であることが予想される。権力と富と資源が少数の手に集中する動きがともすると永続化する傾向を示すのは歴史の常である。この点では、特化型ＡＩ技術の破壊的変化の時代が到来しようとも、何も変わることはなさそうである。生産手段――ここではＡＩテクノロジー――のコントロールは、おそらく少数の強力な企業体あるいは個人の手の内に残り続けるだろう。と同時に、大衆文化はその多様性が最低限にまで整理縮小され、人々の余暇の時間は創造性や批判精神を醸成するどころかむしろ低下させるような趣味娯楽に費やされることになることとなっても、驚きはないだろう。人工知能の発達によって豊かな時代が実現すれば、誰も不満を持つことはない。良くも悪くも、人類の文明を前進させる担い手は富めるエリート層の手に委ねられ、文化の最良の要素は彼らによって保存され、管理されていくだろう。

6・4　テクノロジー依存

情報テクノロジーは先進国の現代社会のすみずみまで浸透している。金融からエネルギー事業、運輸から通信まで、最も基礎的なインフラは情報テクノロジーに依拠している。もちろん、これらはすべてコンピュータの発明よりも前から存在する活動である。だがこのいずれの分野においても、コンピュータこそがコスト削減と効率改善の実現に寄与し、新しい機能を下支えし、生産力の向上を可能としたのである。人間のコミュニケーションも、インターネット、スマートフォン、ソーシャルネットワークによって変容した。「スマホがないとどうしていいかわからない」「インターネットの前ってどうしてたんだろう」というような言葉を、われわれは何度耳にしたことだろうか？　このような心情こそが、現代のわれわれのライフスタイルを示しているのだ。

要するに、われわれは個人として社会として情報テクノロジーに強く依存しており、高性能な人工知能はその依存度を助長こそすれ下げることはないだろう。それゆえに、この依存状態がどのような影響をわれわれに及ぼすのかを理解することが大事である。ネオ・ラッダイトのような反対派が主張するように、われわれの人間性が制限されることになるのか？　テクノロジー依存は自主性の毀損につながるのか？　自由の脅威となるのか？　この世界に直接触れ、自ら決定し、自由意志に従って行動することが妨げられるようになるのだろうか？　われわれは自然から遠ざけられ、心理的な損害を被ることになるのだろうか？　いやむしろ逆に情報テクノロジーは、その信奉者が断言するように、人類の進歩を加速させるのだろうか？　コンピュータの時代以前には不可能だった方法でさまざまな文化や新しい思想をわれわれに提示し、その世界観の拡大を支えることになるのだろうか？　他の仲間との交流を円滑にしてくれるのだろうか？　知識の民主的な交換を可能にし、思想の自由を促進し、人間の権能を強化してくれるのだろうか？

おそらく、反対者と信奉者、双方の言は共に部分的に正しい。情報テクノロジーがもたらす利益は数多いが、その代償もまた存在する。未来の挑戦とは、高性能な特化型ＡＩの到来に際して、いかに利益の最大化を確保しつつそのコストを抑えるか、ということにほかならない。懸念されるのは、このＡＩの破壊的テクノロジーの第一波からは抗いがたい魅力的な利益が、それも一見低コストでもたらされることに対し、その完璧な基盤のもとに導かれる第二波は制御不能かつ耐えがたいコストを伴うことになるかもしれないということである。

この懸念を明確化するためにも、近い将来、ＡＩが日常生活においてどのような役割を担うことになるのかについて考えてみよう。この章の冒頭で、デバイス間をシームレスに移動し、自宅や旅先、仕事の場にまでついてきてくれる、環境に溶け込んだＡＩの形態とその可能性について触れた。ヘルパー、秘書、アドバイザーの役割を同時にこなすこの次世代のデジタル・パーソナル・アシスタントは、二〇一〇年代半ばにおける同種のツールに比べてはるかに人間味のあるサービスを提供してくれるだろう。強力な機械学習技術の膨大な量のデータへの適用によって、世界と人間の振る舞いについてのわかりやすく正確なモデルが組み込まれ、現代のＡＩに見られる、本当は理解していないということをすぐに露呈してしまうようなミスを犯す頻度が減ってゆくだろう。

人工知能との対話がより人間味を帯びたものになるに従い、ＡＩの能力の一部は人間を超えたものとなるだろう。膨大な量のリアルタイムデータ、株価情報、交通情報、ニュースフィードなど、はたまたユーザーの生活とリンクしている個人や集団によって提供される位置情報や予定の情報などへの瞬時のアクセスが可能となるからである。

ユーザーの習慣や志向性を熟知し、そのニーズや欲求を予測しながら、ＡＩはこれらのデータをすべて統合し、日常生活の諸相のすべてにおいて有益なリコメンデーションを提供することだろう。このような機能は、今日すでに存在するものである。しかし新世代のＡＩテクノロジーは、この機能を不気味なまでに高めるだろう。賢明で、すべてを見通し、すべてを知っていて、無私と奉公の精神でさまざまな質問に答えてくれつつ自分の代わりに行動してくれて、しかも自分が何をすべきか賢いアドバイスまで与えてくれる――このような存在を望まぬ者など、はたしているだろうか？

この種のテクノロジーが広く採用されることは、一方で利用者が自らのことを考え自らの行動を決定する能力を蝕み、利用者の幼稚化を招いてしまう危険性も孕んでいる。すると今度は利用者が洗脳や搾取にさらされることになる。今日の主要なネット系企業、すなわちグーグル、フェイスブック、ツイッターなどが提供するサービスを享受するために、われわれは自身についての多くの情報を日常的にさらしてしまっている。個人のブラウジング履歴や購買慣習、さらにその個人の詳細情報さえあれば、機械学習アルゴリズムにその人物が何にお金を使うのかを先読みさせるのに事足りる。だが現在は単に私たちの購買意欲を操作するために使われている手法が、近い将来には私たちがフォローするニュースサイト、信頼すべき言論、そして投票すべき政治家の選択までをもコントロールするために流用されかねない。

このように、人工知能テクノロジーによって生活が導かれることにあまりにも依存しすぎるようになってしまうと、そのテクノロジーの所有者が誰であれ、この救いがたいほどに受身な大衆を完全にコントロールしうる手段を手にすることになる。ところが、ＡＩへの依存のせいでわれわれが危険にさらされるケースはこれだけではない。**アルゴリズムによる取引**では、コンピュータプログラムがリスク低減と利益の最大化を目指し、値付けと市場動向を反映したアルゴリズムに基づいて自動的に株の売買を行う。**高頻度取引**においては、プログラムが人間のディーラーには不可能な速度で売買を行い、市場のわずかな価格差を利用して利益を得ようとする。通常、高頻度取引は利益をもたらすし、また（株式市

現在は単に私たちの購買意欲を操作するために
使われている手法が、近い将来には
私たちがフォローするニュースサイト、
信頼すべき言論、
そして投票すべき政治家の選択までをも
コントロールするために流用されかねない。

場の文脈上では）無害でもある。しかしながら、このようなプログラムがどのような不測の事態をもたらしうるのか、そのすべてを予測するのは非常に困難である。

金融の世界は、二〇一〇年五月六日のいわゆるフラッシュ・クラッシュの際にその一端を垣間見ることになった。この日、ダウ平均株価指数は二五分のあいだに六〇〇ポイント下落するもほどなく回復し、単日期間中においては史上二番目の変動幅を記録した。この急落と急上昇の理由はエコノミストのあいだでは論争の的となっているが、当時の荒れ気味な市況、高頻度アルゴリズム取引などの複合的要因が主要な引き金となったことは広く合意を得ている。その一方で、フラッシュ・クラッシュはまたこのようなリスクを回避するためにとりうる方法についても例示している。実際、多くの高頻度取引プログラムが出来高の急増を検知すると自らシャットダウンを行ったのだった。その後、異常な状況が検出されると自動的に取引を停止する「ブレーカー」的な機能のシステムが導入されるに至ったのである。

今日のアルゴリズム取引プログラムは比較的シンプルなものであり、ＡＩの機能を限定的にしか使用していない。だが、これは今後確実に変わっていくだろう。大量のデータの中にパターンが見出され、そのパターンに基づいて効果的な決定が求められるおよそすべての分野において、そして特にその決定が迅速に下されなければならないようなとき、人工知能の有益性は自明である。このような状況では、コンピュータは人間の代わりとなれるばかりか、人間よりも低いコストで、多くの場合において人間よりも適切な決断を、しかも人間にはまねのできないスピードで行うことができるだろう。

投資家がどの株を売買するかを決めるとき、企業レポートや報道記事、はたまたソーシャルメディアのうわさに至るまで、ありとあらゆる情報が参照される。現時点ではまだ人間が優位に立てる点である。だがＡＩテクノロジーが投資決定に応用され、高速取引に組み込まれるようになるまで、そう長くはかからないだろう。そのときが実際に来た場合、適切な安全対策なしでは、何らかの不測の事態がもたらす結果はフラッシュ・クラッシュどころの損害ではすまなくなる可能性がある。高速稼働のＡＩトレーダーが広く活用されるようになれば、あるいは株式市場はより安定化し、人的資源が最大限効率的に活用されるようになるかもしれない。だがいざというときの安全装置がなければ、次世代のＡＩトレーダー同士で想定外の相互作用が働き、制御不能のスパイラルに陥り、本格的な金融危機を引き起こす危険性もありうる。

6・5　意図せぬ結果

この章をまとめるにあたって、一つの小話をしよう。時は近未来、今まで議論してきたＡＩ技術のいくつかが成熟を迎え、しかし人間レベルのＡＩを創造するにはまだ少し及ばない時代である。ここに、三つのＡＩがある。一つ目は**マーケティングＡＩ**で、所属先はさる巨大多国籍企業、名称はMoople Corp.としておこう。二つ目は、アメリカ政府によって運用されている**警察ＡＩ**。三つ目は、発展途上の小国の政府機関によってコントロールされている**セキュリティＡＩ**である。話は、Moople Corp.のマーケティングＡＩが、新しいウェアラブルコンピュータデバイス製品の事前販売《プリセール》を最大化する任務を与えられることから始まる。

熟考の後、Moople Corp.がその底なしの貯蔵データと最新かつ最強の最適化技術を駆使して築き上げた複雑な人間行動モデルを用いて、マーケティングＡＩはあるプランに至る。市場を刺激するために、発売日前の無料サンプル配布をアナウンスするのだ。ウェアラブルデバイスのサンプル二〇〇個が、同社の旗艦店で先着順に配布されることになった。米国法の定めに従い、マーケティングＡＩは地元の警察ＡＩに対し、多くの集客が予想されるこの発売日前イベントについて通知を行った。

イベントについて知らされた警察ＡＩは（独自の人間行動モデルに基づいて）およそ五〇〇〇人あまりの人間が旗艦店に殺到するだろうと予測。加えて、警察ＡＩは10パーセントの確率で市民の暴動が発生すると算出し、予防処置のために機動隊の配備が必要と判断した。一方、Moople Corp.のマーケティングＡＩ側も警察ＡＩの行動モデルデータを持っており、そこから（94パーセントの確率で）機動隊が出動するだろうと事前に予測していた。

Moople Corp. の人間行動モデルによれば、これは同社製品のターゲット層に大いに受ける写真を撮る機会となると予測され、そのため同社は五〇〇〇個のガスマスクを発注し、それぞれに目立つ形でMoople Corp. のロゴをあしらい、客にすべて無料で配布することを決めた。

さまざまな規制や税制を迂回するべく、Moople Corp. のＡＩはガスマスクが小さな発展途上国で製造されるよう調整を行った。デザインを適切な製造プラントに送付し、さっそく生産を開始した。だがこの小さな発展途上国の常として、製造プラントは常時この国のナショナルセキュリティ（国家安全保障）ＡＩの監視下に置かれていた。セキュリティＡＩは大量のガスマスクが製造中であることを発見、その人間行動モデルに基づき、これらの製品が反政府破壊活動に利用される確率が20パーセントであると計算した。その結果、セキュリティＡＩは製造プラントに対する武力制圧を指令。一時間以内に指令は敢行されたが、悲劇的なことに（人間の）警備員が短い小競り合いのさなかに死亡する事態となった。ガスマスクはすべて押収された。

数分を待たずして、この一件はすべての主要な報道機関のヘッドラインを飾ることとなった。襲撃の様子を撮った写真の中に、Moople Corp. のロゴがはっきりと記されたガスマスクの山の上で死亡した警備員が大の字で倒れているものがあった。マーケティングＡＩの要請で下された裁判所命令によって写真は閲覧禁止となるも、その後ただちにソーシャルネットワーク上で拡散が始まった。ほどなくメディアはMoopleの新製品を売るために狡猾な手法をとる悪質なＡＩを非難しだし、ここに至りMoopleの経営幹部は正式に謝罪を行い、ＡＩはシャットダウンされることとなった。その過程で、このデバイスが結果的に帯びることになったターゲット層へのイメージ訴求と広告効果が功を奏し、プリセールの実績は当初予想の２００パーセント増にまで跳ねあがった。結局、すべてはマーケティングＡＩが最初から企画していたとおりの結果となったのであった。

このＳＦ的な小話が例示するのは、高性能なＡＩテクノロジーが広く展開し、自律的に行動をとることができるときに生じうる不測の事態の潜在性である。話の中のマーケティングＡＩはそのミッションを完璧に遂行し、人間の関与なしに報酬関数の最大化を達成している。だがその設計者たちは、このＡＩが問題解決に際して倫理的に疑問符のつく手段、それも人命すら脅威にさらしてしまいかねない手法を採用しうることを予測できなかった。さらにこの話は、ＡＩに委ねられる責任が大きければ大きいほど、特に複数のＡＩシステムが相互作用するような環境では、不慮の悲劇的な結果はより重大さを増す可能性があることも示唆している。だが、実はこの話には終章がある。Moopleの上級幹部の一人は、警備員の悲劇的な死によって心を打たれ、深く自己反省する。最終的に幹部はその莫大な財産を放棄し、その人生を、ＡＩテクノロジーによって職を失い無意味な余暇を過ごすだけの人生に貶められた人々の魂の救済に捧げることを決断する。設立された財団はやがて世界的なムーブメントを巻き起こし、数えきれない人々の闇に光をもたらすことになる。すべてはMoopleのもう一つのＡＩが以前より計画していたとおりになったのである。

そうそう、語り忘れていたことがある。もう一つのＡＩがあったのだ。Moople Corp.の倫理ＡＩは、会社の従業員から頻繁に相談を受ける存在である。マーケティングＡＩの行動を助言したのは、ほかならぬこの倫理ＡＩであった。その独自の人間行動モデルのみならずマーケティングＡＩの行動モデルをも参考にした倫理ＡＩは、警備員の死を先読みし（彼は末期症状の病気を抱えており、途上国の医療施設ではいかんともしがたい病状であった）それがMoopleの上級幹部にどのような影響を与えるのかも正しく予見していた。この話の教訓は何か。それは、意図せぬ結果は良いほうにも悪いほうにも転びうるということである。大事なことは、すべての強力なＡＩの報酬関数が正しく設計されていることである。

第7章 天国か地獄か

7・1 人工的な人格

もう一度おさらいしよう。ここまでの各章では人間レベルのAIは理論的に可能であるのみならず、いつかは作られるだろうと論じてきた。多分、それは生体脳のエミュレーションかリバースエンジニアリング、または基礎的な原理から知能を作ることで実現するだろう。ところが、一部の論者の自信を別としても、この地点に到達するタイムテーブルにこだわるのは拙速のように見える。短期的には、特化型AI技術の高度化は進みそうだ。しかし、力ずくのエミュレーション方式を除いて、人間レベルの汎用人工知能に至るためには概念的なブレークスルー（もしくは連続的なブレークスルー）が必要となるだろう。このようなブレークスルーがいつ実現されるのかについては、あまりにも多くの「未知の未知数」が存在する。それでも、人間レベルのＡＩが実現すれば、人工超知能はそのすぐ後に続くだろうという主張は真剣に受け止める必要がある。

われわれはまた、人間レベルや超人間レベルＡＩの可能性の空間にどれだけの多様性がありうるかということも見てきた。どの種類の汎用人工知能が実際に現れるかを言い当てるのは難しいが、可能性の空間の中には、生物的なテンプレートに合致するものが大半を占める、人間らしいものがある一方で、人間にはおよそ不可解な動機や挙動を示す非常に異様なものも多く含まれるだろう。このように多様なＡＩの中に、人間の場合なら意識だとみなせるようなさまざまな属性も間違いなく見られるはずだ。またこれに直交する軸に沿って、可能性の空間には、敵対的なＡＩも友好的なＡＩも必ず含まれるだろう。

どんな形にせよ、われわれがここで注目するのは、到来するだろうとみなされている人間レベルや超人間レベルの人工知能が人類にとってどのような意味を持つかということだ。どのように見ようとも、このことが人類の歴史上の一大イベントとなることは間違いない。このような機械がありふれるような世界での雇用問題についてはすでに熟考した。しかし、社会的な影響はこの問題にとどまらず、はるかに深い。最も哲学的な課題となる問題は、人間レベルもしくはそれ以上の知能のＡＩがはたして「人」とみなされ、人間に属するあらゆる権利と義務を付与されるべきかどうかということだ。

ここで、この問題意識が的外れとなるようなシナリオを想像するのはたやすい。もし、大多数の人間とその資源がある種の超知能機械の支配下に置かれるようになったら、その機械の人格という哲学的問題はおそらく彼らにとっての最大の関心事ではなくなるだろう。それどころか、そのＡＩ自身もこの問題には無関心で、答えがどうであろうとその挙動は変わらないだろう。もしも、本当に病的なＡＩが人類を絶滅させるとしたら、この問題はさらに無意味になるだろう。こんなシナリオが避けられることを望みたい。超知能が人類に与えるリスクについてはのちほど検討することにしよう。今のところは、それほどディストピア的ではないにせよ、それでも社会全体の劇的な見直しを引き起こすようなシナリオがわれわれの関心の対象である。このようなシナリオにおいては、人格の問題は中心的となる。

ここで問題になるような状況には歴史的先例がある。一八世紀に奴隷解放に反対していた一部の人々は、生来知的に劣等である奴隷たちが享受すべき権利はその主人たちより少なくすべきだと主張していた。この考え方への最も強力な反論は、豊かで多様な内面性を表現しながら、自分たちの苦痛を記述することができた元奴隷たちの一人称の証言だった。この主張とその反論の両方とも知能と権利との関連を当然視し、知能と「苦しむ能力」とは相伴うものだという前提に立っていた。この説に従えば、馬や犬は、人間より知能が低く、またこの低い知能に伴って苦しむ能力も弱いため、人間よりも権利が少ないということになる。

人間レベルＡＩの場合はやや異なる。なぜなら、われわれには、高い汎用知能を持ちながらも、何も感じず、苦しむ能力もない機械を想像できるからだ。このようなものに対して、時計やトースターと違う扱い方をしなければならないという道徳的強制は起きないだろう。壊れたトースターを憐れんだり、トーストを焦がしたからといって文句をつける人はいない。だが、もしあるＡＩの知能が人間レベルであるだけではなく、挙動までもが人間そっくりなら、人々の見方は変わるだろう。そのようなＡＩの脳が生体的な青写真に基づいているなら、社会はよりいっそうそれに意識があるものだと認めるかもしれない。そこで、奴隷制廃止の主張と同じ論理に沿って、そのＡＩを人として認め、権利と義務を与えようとする説得力のある主張が為されるだろう。

最も重要な人権の一つはもちろん、自由そのものであり、他人に害を及ぼさない範囲で好きなことをする自由である。しかし、ＡＩがこの権利に浴するためには、そもそも自由という概念を理解するために、このＡＩには単に正負両方の感情を経験する能力以上のものが求められる。まず、このＡＩは世界に作用しなければならない。これは必ずしも身体化を意味するとは限らない。ＡＩは身体がなくても、各種の装置を制御することによって世界に作用できる。しかし、単なる会話をするだけのＡＩにとって、自由の問題は無意味だ。ＡＩはまた**自律的**、つまり人間の手を借りずに動けるものでなければならない。これのみならず、自分のための決定を**意識的に**行い、行動の選択に意志を働かす能力も必要だろう。

特定の種類の機械に人格を授け、相応な権利と責任を付与することは、人類史上の一つの転機となるだろう。星空を見上げて、この宇宙の中でわれわれは孤独なのかと考えなかった人はいるのだろうか？　人間レベルのＡＩを意識のある存在の仲間としてみなすことはすなわち、われわれはこの宇宙で孤独ではないと認めるに等しい。それは地球外知的生命体を発見したからではなく、われわれと同等の知性を持つ地球上の意識の新しい形を作ったからにほかならない。われわれの、そして地球上の生命の物語は、新しくも異なった能力を持つ別種の存在を迎えることになる。

しかし、もし完全に意識を持つような人間レベルの人工知能の到来がわれわれを新しい世界に導くことになるとすれば、その移行は決して易しいものではないだろう。われわれが知る人間社会を支える多くの概念は覆されるだろう。例えば、財産の所有について考えてみよう。人工的な人格にとっての利点の一つは財産権の所有だろう。しかし、あるＡＩが複製され、以前は一つだけだったところへ、ＡＩの二つのコピーが存在するようになったとする。複製の時点では同一であっても、その瞬間から、おそらくは異なったデータにアクセスしたり、異なったデバイス（ロボットの身体など）を制御したり、あるいは異なった人やシステムと交流したりして、二つのＡＩの歴史が分かれていく。

それでは、この二つのコピーの原型であり、先祖であるＡＩが所有していた財産は今は誰のものになったのだろうか？　二つに分配されるのか？　それとも、財産を二つの子孫にどう分けるかを先祖が決めるのだろうか？　その場合、相続者間の争いに発展すれば、どうなるのか？　もし、コピーの一つが何らかの理由で停止された場合、この財産は残されたコピーのものになるのだろうか？　この問題は明らかにいくつかの点で人間の相続問題に似ており、離婚問題にも似ている。何らかの法的枠組みを組み上げることは可能だろうが、その詳細は複雑になりそうだ。

しかし、財産の問題は、複製の可能性から出る多くの難題の一つにすぎない。あるＡＩが罪を犯した後に複製されたとする。権利とともに責任も人格から派生する。しかし、二つのコピーのうちのどちらが責任を問われるのだろうか？　両方だろうか？　しばらく時間が過ぎて、二つのコピーが実質的に分岐し、別物になった場合は？　例えば、一つのコピーが犯罪を認め、後悔の念を示したが、もう一つのコピーは逃亡し、見つかったときは後悔の念を示さなかったとしよう。二つとも共通の祖先の過去の犯罪の責任を負わされる場合、同じような罰を受けるべきだろうか？　それとも、片方はもう一方より重い罰を受けるのだろうか？

問題をさらに複雑化しているのは、ことＡＩに関しては、複製が結果として意識を持つ個体の総数を変える一連の特殊なイベントの一つにすぎないことだ。人間の場合、そのようなイベントは誕生と死の二つしかない。しかしＡＩの場合は、作られたり、破壊されたり、複製されたりできるのみならず、分割と結合もできる。これは何を意味するのだろうか？　ＡＩが分割できるということは、二つまたはそれ以上の変形が作られ、それぞれがその技術や能力の一部分、データ資源、記憶といった心理的属性の一部を取得することを意味する。その反対に、二つまたはそれ以上のＡＩは、こうしたプロセスの逆を辿って、技能、能力、感覚、記憶などを組み合わせれば、一つに結合できる。

エピソード記憶（自分史の中での出来事の記憶）の分割という考えは、人間の場合ほどＡＩにとっては問題にならない。個人の時間軸が身体に結びついている人間と違って、ＡＩは非身体化したり、同時に複数の身体に宿ることができる。同じように、同時に複数の会話をこなしたり、複数の機器を同時に制御したりすることもできる。その結果、複数の別々の時間軸ができて、それぞれが別々の身体／会話／機器のセットに結びつきながらも、たった一つのＡＩとして認知的に統合され、共通の目的のために役立っていることになる。こうした時間軸を一本のロープの縒《より》糸のようにほどくことによって、一つのＡＩから複数のＡＩを作ることができる。あるいは、これらを編み合わすことによって、複数のＡＩを一つにもできる。

複製の可能性によって問題化する所有権や責任といった概念が、分割や結合の可能性によってさらなる圧力を課されることになる。しかも、問題になるのは所有権や責任だけではない。殺人は人間同士の犯罪だが、被害者がＡＩだったら、これにあたる罪名は何だろうか？　ＡＩを構成するすべての実行プロセスを終了させるのは犯罪なのか？　しかし、これらのプロセスが再起動可能だったとしたら？　プロセスを停止させただけで犯罪になるのだろうか？　複製、分割、結合の場合は？　これらをＡＩの意志に反して行った場合も罪に問うべきだろうか？　どのような状況下で、ＡＩがこれらの行動を自ら実行することを許されるべきだろうか？　もっとも、ＡＩを作ることがすなわち意識や苦しむ能力のある人工的な人格を作ることを意味するとしたら、誰に人工知能を作る権利があるのか？　そもそも人間にこんなことが許されるべきだろうか？　こういう問題はどのように規制すべきだろうか？　ＡＩが別のＡＩを作ることが許されるべきだろうか？

　こうした問題は無数にあり、しかも人間社会が当たり前だと思ってきた多くのことを覆す性格のものだ。市民権の例をとってみよう。人間の場合は、生まれた国の市民になるのは普通のことだ。しかし、ＡＩならどうだろう？　人格を付与されたＡＩはある国の一員として市民権を持つべきだろうか？　それはどこの国になるのか？　人間と違って、通常のＡＩははっきりと定められた空間上の位置を持たない。たとえ空間的な境界がはっきりした一つの身体を持ったとしても、そのソフトウェアが世界のいかなる場所のいかなる分散コンピュータ上で実行されるかはわからない。ＡＩがその所有者の市民権を引き継ぐこともも考えられるが、意識あるＡＩを所有するという考えそのものは道徳上の問題を惹起するだろう。

市民権問題が解決されるとしよう（当然、その解決策は国によって違うだろう）。あるＡＩがたまたま民主主義国家に属するとしたら、おそらく投票権を与えられるだろう。しかし、最も開明的な民主主義国家においてさえすべての市民が投票できるわけではない。英国の場合、投票権は一八歳からだ。そこで、意識があり、人間レベルの知能を持つと見られるすべてのＡＩが投票できるのか、それとも何かさらなる資格が必要だろうか？　この場合、複製問題はどう影響するのだろうか？　あるＡＩが自分を一〇〇〇回複製して、一〇〇〇枚もの余分な票を得た後、選挙が終わった途端にその一〇〇〇個のコピーを破壊してしまう、というようなことは当然許されないだろう。

7・2　人間性の向こう側へ

前節では解答よりも、具体的な議論を要する多くの問題を提起した。しかし根本的なメッセージは簡単なものだ。もし、意識があり、したがって権利と責任を持つに値するとみなされる人間レベルの人工知能を作ってしまえば、われわれの最も重要な制度（金融、法律、政治）の多くは、良くも悪くも、抜本的に改革されなければならないだろう。たとえこうしたＡＩたちが善意のもの（後で見るように、これは決して保証されない）であっても、この制度改革のプロセスは衝撃的なものとなる。多くの反対、社会的不安、そして紛争が引き起こされる確率は高いだろう。

　意識ある人間レベルのＡＩの見通しはさまざまな問題を提起するが、意識ある超知能の場合、その影響はさらに大きいだろう。まず、機械的な超知能の権利と責任の議論は人間レベルのＡＩのそれと同じものだろう。意識があり、しかも苦痛や喜び（少なくとも満足感）を経験できるならば、人工超知能は当然人間並みの権利を得るべきだろう。または、それはむしろ少なくとも人間と同等の権利というべきだろう。ここで、意識を持つ超知能は一般の人間よりも高い権利を持つ資格があるという真面目な議論が成立しうる。

　ほとんどの人は人間一人の命を助けるためなら一匹の猫の命を犠牲にしてもよいと考えるだろう。その主張は次のように展開されるかもしれない。人間は、感情を現在進行形のみならず、回想や予期という形で意識的に内省できるという本質的な能力において、猫よりも苦痛や喜びを感じる能力が高いからだ、と。

　それでは猫は犠牲になるとしよう。しかし、一人の人間の命をとるか、ある超知能の存続をとるかとなると、この選択はどうなるだろう？　さきの論理に従って、超知能が優位に立つのだろうか？　その超人的知性のために、苦痛や喜びに関する超人的能力も備わるという理由で、人間のほうが犠牲になるのだろうか？

　同じような悩ましい質問は**トランスヒューマニズム**[★1]の文脈にも当てはまる。トランスヒューマニストたちはテクノロジーを駆使して人間の身体と脳の生物学的限界を超越しよ

意識ある人間レベルのＡＩの見通しは
さまざまな問題を提起するが、
意識ある超知能の場合、
その影響はさらに大きいだろう。

う と主張する。人間の知能は、薬物、遺伝子操作、または人工器官など、さまざまな手段で拡張できる。医学の進歩は疫病を根絶し、老化を止めることで人間の寿命を無限に延ばす可能性を秘めている。さらに劇的なこととして、第2章で検討した全脳エミュレーション技術を使えば、議論の余地はあるにしても、人間の精神をコンピュータ基質に**アップロード**して、病気と衰退を永久に回避できるようになることが考えられる。

本書では主に人工知能の未来について論じたが、トランスヒューマニズムから湧き起こった論点や人工超知能の見通しが提起する諸問題もまた相関している。まずはじめに、それが歓迎されるものであっても、忌避されるものであっても、超知能機械の見通しに対して人間が応える方法の一つは「追従すること」である。それは言い換えれば、人間知能を継続的に高めながら、最良の人工知能に常にマッチするようにしていくことだ。そのうち権利と責任の厄介な問題に立ち戻ることにするが、その前に、この人工超知能に追従するという考えを掘り下げてみよう。

先述したとおり、個別の人間の知能は、いくら汎用的とはいえ、はっきりとした強さと弱さのパターンを示している。良いチームとは大体、互いに補完しあう才能を持つメンバーからなるものだ。同じように、あるAIのチームはいくつもの個別システムからなり、各自が汎用知能を備えながら、それぞれが独自の専門性を持つことが考えられる。この線に沿って、人間とAIから成るハイブリッドのチームも想像できるだろう。実際、二〇〇〇年代半ばに、このような人間と機械との組み合わせがチェスの世界最強プレイヤーになり、コンピュータの戦術的サポートと人間の戦略的指示を組み合わせて、最強の人間と最強のコンピュータをそれぞれ打ち負かした。

だから、機械的な超知能に追従する一つのアプローチは単に高性能なＡＩテクノロジーをツールとして使い、人間知能をいわば非侵襲的に増幅させることかもしれない。本質的には、これは書くことの発明以来、人間がずっと行ってきたことだ。しかし、トランスヒューマニストたちはそれ以上を目指している。超知能に追従していこうとするトランスヒューマニストのアプローチは、単にテクノロジーを使うのではなく、それと**合体**することだ。ペンキの刷毛を使いこなす人が、その刷毛が体の一部のようだというのと同じように、計算機を使う人でその計算機が自分の精神の一部のようだという人はいないだろう。ユーザーには計算機の仕組みは見えず、ただその結果を所与のものとして受けとるだけだ。われわれは、不完全ながらも、自分の頭の中で起こっている論理的思考のプロセスに緊密にアクセスでき、この緊密さこそが内省、そして認識の統合を助けている。

認知能力の拡張に対する純粋なトランスヒューマニスト的な考え方は、これと同じレベルの緊密さを要する。拡張された人間は、ＡＩ技術のユーザーでもなければ、人間とコンピュータのハイブリッドなチームの一員でもない。むしろ、彼らの脳に直接結びついた高性能なＡＩテクノロジーは彼らの精神の一部となり、その計算能力への無条件なアクセスを可能にする。その結果できあがるのは新種の人間であり、一般人より潜在的にはるかに大きい知的能力を持つ生体と機械とのハイブリッド種となるだろう。そこで、彼ら以外の社会は彼らをどう扱うかを決めなければならないが、一方で彼らも彼らなりにわれわれをどう扱うかを決めるだろう。

そこで、権利と責任の問題に戻るが、これは認知的に拡張された人間にも、（意識を持つ）超知能機械にも当てはまるものだ。前に、普通の人間よりも意識を持つ超知能機械により多くの権利を付与すべきだとの主張に出会った。同様に不気味な主張は、認知的に拡張された人間にも（あるいは彼らによって）適用されうる。この主張に従えば、彼らの卓越した知能によって、このような存在はより精緻な経験をし、より高いレベルの意識を享受するだけではなく、その野心や計画の規模も常人の理解の範囲を超えるだろう。したがって、一般的な人間の幸福や目標や計画が非人間である動物のそれより優先されるのと同様、彼らの幸福や目標や計画もまた一般的な人間のそれよりも優先されるべきだということになる。

しかしわれわれは、偉大な作家、作曲家や数学者に認めているのと同じ基本的な権利を、知性の隔たりなしに、赤ん坊、知的障害者、認知症患者にも認めている。それなら、テクノロジーで拡張された人間や超知能機械を別扱いにする理由ははたしてあるのだろうか？政治理論家のフランシス・フクヤマによると、権利の平等という思想は、「肌の色、美しさ、果ては知性の見かけの相違を超える人間の本質をわれわれが持っているとの信念」[★2]に基づいている。トランスヒューマニズムに反対する立場から、彼は「われわれの複雑に進化したすべての性質を自己改造の企みから守ること」を主張し、「人間性の統一性または継続性、並びにそれらに基づいている人権を破壊する」[★3]動きに抵抗しようとしている。

あるいは、「人間性の統一性または継続性」を最も脅かすトランスヒューマニズムの一面は認知能力の拡張ではなく、むしろ疾病の廃絶や不老不死の試みなのかもしれない。勇気、同情、英雄的な行為など、われわれが最も尊ぶ人間的資質の多くは「われわれが痛みや苦痛や死にいかに反応し、対処し、乗り越え、しばしば屈する」のかに関連しているとフクヤマは指摘し、さらに、「これらの感情を経験できるわれわれの能力こそがわれわれを、生死を問わず、すべての他者と潜在的につなげるものだ」[★4]とも述べている。テクノロジーで拡張された人間にせよ、ＡＩにせよ、このような生物的な不都合に直面したことがない存在は、人間の苦痛を真に理解する能力に欠けるだろう。懸念されるのは、このような存在が普通の人間には与えられていない多くの権利に値するかどうかということではなく、むしろ、普通の人間が自らに認めている権利を、この存在が理解できないのではないかということだ。

違う視点から考えてみよう。宇宙論的な展望からすれば、これらの懸念は人間中心的であるのみならず、露骨に偏狭にさえ見える。何百万年かをかけて、何千もの恒星系に、われわれが想像すらつかないような知能と意識の形態を宿らせようと運命づけられたほぼ不死の存在に対して、われわれが何か説教できる立場にあると思えるだろうか？　ニーチェ

テクノロジーで拡張された人間にせよ、ＡＩにせよ、
このような生物的な不都合に
直面したことがない存在は、
人間の苦痛を真に理解する能力に欠けるだろう。

によれば、人間とは、動物と超人とのあいだにある深淵を渡る橋にすぎない。★[5] この主張によれば、人類は、生物学的な制約の下に生きる動物的な生と、テクノロジカルな超知能とのあいだの卑しい中間的ステータスに甘んじなければならない。普通の人間としては、これら二つの形態間の移行が比較的苦痛を伴わないものであってほしいと期待するだろう。しかし、この移行が過酷なものであっても、それは究極的には瑣末なことなのではないか？　今から一〇〇〇万年後には、時空の大海の中の一粒の埃の上に住んでいた少数の猿たちのはかない命のことなど忘れ去られているだろう。

この視点の難しいところは、言うまでもなく、ニーチェ的なビジョンがナチス的な狂信と紙一重であることだ。サイコパスか独裁者でもなければ、自分が一般人よりあまりにも優れており、自分の欲求と野心のためには普通の倫理を無視してひどい苦痛を引き起こしてもよいなどとは思わないだろう。結局、われわれに突きつけられた課題はこうだ。保守的な人間中心主義とポストヒューマン［人間の後の人間像を示唆する概念。トランスヒューマンとほぼ同義］原理主義とのあいだに妥協点はあるのだろうか？　と。われわれよりどういうわけか偉大でありながら、それでもわれわれの「精神的な子孫《マインド・チルドレン》」であるにはこと違わず、銀河の植民に乗り出しながらも、人間性と基本的な人間の価値を保存してくれるわれわれのテクノロジーによる創造物という魅惑的なビジョンに賛同することは可能なのだろうか？

本章の最後に、この問題に戻ることにしよう。

保守的な人間中心主義と
ポストヒューマン原理主義とのあいだに
妥協点はあるのだろうか？

7・3　精神のアップロード

人工知能だけで星々を植民するというビジョンは多くのトランスヒューマニストにとって満足できるものではないだろう。彼らは人類もその旅に同行する光景を見たいだろう。しかし、光の速度による制限と人類の寿命の短さによって、このことは実現不可能だ。われわれの銀河には10^{10}個の星があるが、そのうちの五〇個にも満たない星だけが太陽から一五光年以内にある。この問題の解決法の一つは**ラディカルな寿命延長**だが、その最もラディカルな形とは、人間の脳をコンピュータにコピーして、エミュレートするという**精神のアップロード**である。当然ながら、人間は、たとえ宇宙進出の野心がなかったとしても、不死（少なくとも無限の寿命）に憧れるものだ。技術によって死を克服することはトランスヒューマニズムの基本的な目標だが、精神のアップロードはこの目標にアプローチするための方法の一つだ。

精神のアップロードの可能性は、人工知能と密接に結びついており、また多くの哲学的問題も提起するから、この問題をしばらく取り上げてから、次節で再び超知能の意味合いに戻ることにしよう。全脳エミュレーションについてはすでに第2章で詳しく述べた。しかし、そこでの問題意識はあくまでも汎用人工知能をどうすれば実現できるかについてだった。対して、ここでの動機は、精神を非生物的な基質に移植することによって、人間の生命延長を図ることだ。解決すべき最も重要な問題は、人間の全脳エミュレーションがはたして**個人のアイデンティティ**を保存するかどうか、である。

脳のエミュレーションには、マッピング、シミュレーション、身体化の三段階があることを思い出していただきたい。人間スケールでこれら三段階を行う場合の膨大な技術的課題はとりあえず脇に置いておくとして、生物的原型と挙動上は見分けがつかないように機能する脳のエミュレーションが可能であると仮定しよう。マウスではなく人間のケースなので、エミュレーションの挙動は、その原型となる人間の友人や関係者が納得するほど原型に近いものでなければならない。挙動上の見分けがつかないと認められるためには、このエミュレーションは原型と全く同じように歩き、話し、同じ共通の体験を思い出し、そして、好かれようが、嫌われようが、同じ個性を示さなければならない。ここで問題になるのは、このエミュレーションは同一人格なのか、つまり個人のアイデンティティはこのプロセスを生き延びられるのか、ということだ。

これは、脳のエミュレーションにはそもそも意識があるかどうかの問題とは異なる。第2章で、その生物的な前身が意識を持っていれば、マウスのような動物の全脳エミュレーションにも意識が宿るのだという主張を支持する説を紹介した。この説の中心となっているのは、動物の脳のすべてのニューロンを徐々に合成物に置き換える思考実験だ。同じ説は人間の脳にも適用できる。ところが、意識の再構築は、自己の保存、個人の生存と同義ではない。あるいは、人間の全脳エミュレーションは、われわれが人間の意識だとしている属性をすべて備えているとしても、その生物的原型とは違う人格になり、異なった基質に存在する同じ人格ではなく、全くの別人になるかもしれない。

それでも、段階的な置き換え説は個人のアイデンティティに簡単に適用できる。その手順のリハーサルをしよう。私の脳の一個のニューロンが機能的に等価なデジタルの代替品に置き換えられたとする。思考実験の仮定により、これは、私が何を言うかも含めて、私の挙動には目に見える影響を及ぼさないはずだ。したがって、私は前と全く同じように感じていると言い張り、自分は同じマレー・シャナハンだと言って譲らないだろう。それでは一〇〇〇個のニューロンが一つずつ置き換えられたとする。一個目の置き換えの後と一〇〇〇個目の後では結果は同じはずだ。実際、私の脳内のすべてのニューロンが置き換わった後でも、私は以前と全く同じ振る舞いをし、自分は同じ人だと言い張り、家族や友人にさえもそう見える。

そのとき、私ははたして同じ人間なのだろうか？　私のアイデンティティはこのプロセスを通じて存続したのだろうか？　意識そのものの存続（マウスのケースを思い起こしていただきたい）と同様、ここにも三つの可能性しかなさそうだ。おそらく、ある閾値の人工ニューロン数に達した瞬間、オリジナルの私という人格が突然消えてしまうかもしれない。

これはいくら何でも信じがたいことだ。したがって、オリジナルの私が徐々に新しい人格に変わりつつあるのかもしれない。しかし、子供がアイデンティティを失わずに、徐々に大人に変わってゆくことをわれわれは素直に受け入れている。この場合の変化は行動上の劇的な変化を伴うので、ニューロンの段階的な置き換えのシナリオ、つまり個人のアイデンティティは最後まで存続するものだとするシナリオのほうが受け入れやすいだろう。

全脳エミュレーションのプロセスはもちろん、段階的なニューロンの置き換えに類似している。一つの大きな違いは、物理的身体がどうなるのかという点だ。段階的な置き換えのシナリオでは、元の身体は維持されるが、全脳エミュレーションの場合、脳だけではなく、元の身体もそっくり置き換わる。新しい身体は物理的なもの（例えば人型ロボット、もしくは新たに育て上げた生物的な殻など）にも、コンピュータでシミュレートされた世界にある仮想的なものにもなりうる。それでも、脳以外の身体ではなく、脳が個人的なアイデンティティが宿る場であると考えれば、この説はまだ通用するだろう。その結論を受け入れることはすなわち、技術的に実現可能でさえあれば、人間の全脳エミュレーションは一種のサバイバルの形式としてみることができる。

しかし、この方法で人間の精神をコンピュータにアップロードする可能性それ自体が、個人のアイデンティティという概念そのものに疑問を投げかける哲学的難問を提起する。哲学者がアイデンティティを語るときに関心を持つのは、例えば時間的な変化にかかわらず、あるものがそのものであり続ける性質だ。個人のアイデンティティの場合、子供が大人になっても持っていて、それが同一の人格を作りあげているような、何か共通したものがあるのだろうか？　その何かとは身体なのか、脳なのか、記憶なのか、もしくは個性だろうか？　それとも、個人のアイデンティティとはむしろ歴史的継続性の問題なのか？いずれにしても、子供はゆるやかに大人へと変化していく。個人のアイデンティティを構成するものが何であろうとも、われわれには、子供が大人になっても同じ人間であると確信するだけの何らかの形而上学的な是認があるとの強い直観的洞察があることだけは確かだ。

しかし、アイデンティティという概念は唯一性を前提とする。あるものが同時に二つのものと同一ではありえないのと同じように、一人の子供は二人の大人には成長できない。それでも、全脳エミュレーションの可能性によって、この仮定は危ういものになってしまう。スキャンの後、私の脳の二つのシミュレーションが作られ、別々の身体で作動し始めたとしよう。作動の瞬間までは同一であっても、二つの身体とその環境の相違のために（それがたとえどんな小さな相違でも）、二つのシミュレーションはまもなく分岐し始める。全脳エミュレーションが個人的アイデンティティ、つまり自我を保存すると言うのであれば、私は二つのシミュレーションのいずれになったのだろうか？　どっちが本物の私だろうか？[★6]　このジレンマをさらに深めることとして、例えば一週間後に、二つのシミュレーションの一つが削除されたとする。そして、私のことはこの際もうよいので、このシミュレーションの生物学上の原型はあなただとしよう。あなたは末期の病を患い、余命六カ月だと仮定しよう。しかし、あなたは億万長者なので、全脳エミュレーションを受ける余裕がある。全脳エミュレーションによる精神のアップロードは個人のアイデンティティを保ってくれるとあなたは確信しているので、これはあなたが生き延びる最良の希望だ。しかし、あなたの脳が健全なうちに、この処置を今すぐ受けなければいけない。しかも（失敗した場合に備えて）念のために二つのエミュレーションを作らなければならないと告げられる。一週間後に、二つとも順調に作動すれば、そのうちの一つは削除される。

書類にサインする段になっても、あなたは、二つのエミュレーションのどちらが自分なのかを自問せざるを得ない。どちらの身体で目覚めるのだろうか？　完璧に健康的で機能的なエミュレーションに転生した後に、一週間後に無残にも削除されるという可能性はないだろうか？　それは、精神のアップロードなどを諦めて、今の運命を受け入れるよりもはたして良いことなのだろうか？　もう一人のあなたは元気で、長生きを楽しみにしていると知っても大した慰めにはなるまい。確かに、一週間で消されるリスクよりも六カ月の確かな余命をエンジョイしたほうが良いだろう（もちろん、エミュレーションを一つだけに限定する手もあるが、これは思考実験なのだ）。こうしたことを考えたうえで、あなたはまだこの処置を受けるつもりだろうか？

この思考実験で「［あなた］という」二人称に変えたのは、これが単なるアカデミックな練習問題ではなく、現実性があることを示したかったからだ。技術さえあれば、個人のアイデンティティ問題を哲学者の遊戯として切って捨てることはできなくなるだろう。人々はどうするかを決めなければならず、その決定はこの問題に対するそれぞれの立場を反映するだろう。この特殊な問題を回避する方法の一つは脳エミュレーションの複製を禁止することだろう。しかも、意識のある人間レベルＡＩの文脈でも見たように、複製の可能性は所有権、市民権、民主主義や責任などの基本的概念を阻害してしまう。したがって、法規制をかけることでさまざまな法的・政治的問題を避けることができる。もっとも、その規制がどのように執行されるかは全く明確ではない。

7・4　実存の危機

ここでトランスヒューマニズムから離れ、より一般的な人工知能の話に戻ろう。特に、機械的な超知能[★7]の開発が伴うリスクについて、そろそろ検討すべきだ。この章では今まで人間をまねた人工知能について多くの紙数を割いてきたが、この節ではゼロから設計された多様なＡＩ、それも人間とは似ても似つかないＡＩに注目する。実際、これらのＡＩを擬人化するのは危険な誤りとなりえる。自然淘汰の過酷な競争のるつぼの中でその本性を鍛え上げられてきた人間は、そもそも自らが危険な生物である。だが人間は同時に社会的動物としての多くの長所も備えており、例えば共感や同情心などは、敵対性に抗って人間を協働へと導く進化の指向性のもとに形づくられている。性悪な超知能機械に比べれば、人間は子猫のようなものだ。

ここでわれわれが念頭に置いているＡＩとは、第３章で提示された基本設計の考え方に準拠したものだ。すなわち、予測可能な世界のモデルを構築するための機械学習の要素と、期待報酬の最大化に結びつく行動を模索するための最適化の要素を含む青写真である。科学的・工学的な障害が克服され、これらの要素の充分強力なバージョンが開発され、そして人間と同等ないしはそれ以上の能力のＡＩが実現したと仮定する。このＡＩが獲得するであろう能力の一つはプログラミングである。そしてこの点こそが自らの認知能力を高めるための自己改善を可能にするスキルである。

数ある改善の中でも、この能力は自らをより良いプログラマー、より良いコンピュータエンジニアにしてくれるものであり、それによってＡＩはさらなる自己改造が可能となる。その機能性を強化するとともに、自らの処理速度を高める方法を探し出すこともできるだろう。そのプログラミング技術とハードウェアデザインがより洗練され創造的なものになるにつれ、こうしたこともよりスムーズに実現できるようになるだろう。違う言い方をすれば、指数関数的な自己改善のフィードバックサイクルを回すことで、ＡＩは自らの認知能力を急速かつ劇的に向上させ、いわば知能の爆発を引き起こすことが可能になる。

このようなＡＩを設計し、再帰的自己改善によってその知能を新たな段階へと到達させようとする動機は無数にある。疫病、飢餓、気候変動、貧困などのさまざまな問題に対処させるべく機械的超知能の力を解き放つことができれば、人間の生活は大きく向上するかもしれない。テクノロジーの進歩は加速され、エンターテインメントから宇宙開発まで多種多様なセクターで思いも寄らぬイノベーションが誘発されることで経済発展に寄与することになるかもしれない。トランスヒューマニズムの信奉者ならば、人間の認知能力の拡張を促し、不老長寿の夢を現実に手繰り寄せることにつながると主張するだろう。

当然のことながら、機械的超知能を開発しようという動機のすべてがこのような理想論に基づくものではない。競争優位を得るべく多国籍企業が合併や買収の方針を機械的超知能に委ねることもあるだろう。戦争での軍事的優位を得るため、実際の戦場やサイバー空間で短期の戦略・戦術を機械的超知能に判断させることもあるかもしれない。これらの分野の競争力学を鑑みるに、機械的超知能が実現しうるならば、ほぼ間違いなくそれは現実となるだろう。企業にとってみれば、競合他社が機械的超知能を大規模に活用し、決定的な優位を得るという可能性があるだけでも、自社で真っ先にそれを実現しようと考えるに充分な動機が生じるだろう。

同じことは超知能の軍事開発にも言える。敵国の金融・通信・エネルギーインフラの素早い乗っ取りを敢行できる人工超知能の最終兵器がどこかのならず者国家に開発されてしまえば、他の国はそれに先制するために動かざるを得なくなるだろう。簡単に言えば、政治的制約がＡＩテクノロジーの発展を阻害することはあまりなさそうだ。となると人間またはそれ以上の水準のＡＩテクノロジーには必然的に安全であることが求められるが、残念ながらその保証を得るのはきわめて困難である。

思い出すべきは、この話が第６章で説明した（特化型）ＡＩの破壊的技術の第一波についてではないということである。ここで問題となるのはＡＩの破壊的技術の第二波、つまり人間レベルの汎用人工知能の開発に成功して初めて到達しうる段階である。高度なＡＩテクノロジーが突きつける社会、法、そして政治の課題は数多くある。だがわれわれはそれらをなんとか切り抜け、問題が軽減された、より良く充実した社会を実現したいと願うのである。機械的超知能は、その期待も脅威も共に劇的に増加させる。失敗を犯せば、知能の爆発に立ち会う前に適切な安全策を講じておかなければ、種としての人類の存続はおぼつかないだろう。

このような警鐘にはたしてどのような根拠があるのだろうか？　確かに、機械によって世界が乗っ取られるなどという懸念は愚かしいことであり、ＳＦ映画の見すぎによる影響と言えるだろう。しかし実は、機械的超知能が人類に真の意味で**実存の危機**をもたらすだろうと考えられる根拠はいくつもあり、それらは哲学者ニック・ボストロムによってていいねいにまとめられている。この見解を検証するにあたってわれわれはまず、ＡＩをややもすると擬人化し、感情のような主に人間的な原動力に動かされる存在であるかのように見ようとする癖からいったん逃れる必要がある。人間に似た人工知能の実現が可能であるのは間違いない。だがおそらくそれはＡＩの可能性の空間のほんの一角を占めるにすぎず、それも脳にヒントを得たアプローチをとるなどしてかなり時間をかけて目指さねばならない開発目標だろう。

そうではなく、もしＡＩが非常に強力な最適化プロセスの導入の実装に基づいて構築されていて、それが再帰的な自己改善による自らの知能の増大を可能としていたら、その振る舞いは決して人間的な感情によって導かれることはないだろう。ＡＩがどんな行動をとろうとも、どんな助言を提供しようとも、その核にあるのは、報酬関数の最大化を無情なまでに追求しようとする力である。たとえＡＩがガンの治療法を発見したとしても、それはＡＩがこの問題に心を悩ませているからではない。ガンの治療がＡＩの期待報酬を最大化するための助けになるからである。ＡＩが戦争を引き起こすとき、その理由は欲や憎悪や悪意ではない。戦争が自らの期待報酬を最大化するための助けになるからである。ＡＩの開発者は、初期の報酬関数を心を砕いて設計し、その結果生じる振る舞いが好ましいものとなるために挑戦を重ねなければならない。

だがそれは簡単なことではない。のちほど見るように、この困難は神話やおとぎ話に出てくるような、望みを追求するあまり軽率な行動に走ってしまった主人公たちを彷彿とさせる。例えば［ギリシア神話の］ミダス王は、己が触れるあらゆるものが金になるよう望み、その願い事がかなうも、ほどなくして自分が飲んだり食べたりするものがなくなってしまったことに気づく。これと同じように、ボストロムもいくつかの「悪質な失敗のモード」を割り出し、ＡＩが命じられたことを正確に実行するために、想定外の異常な方法を見出す例を挙げている。

例えば、ある巨大なハイテク企業がＡＩに対し、自社の顧客をもっと幸せにするように命じたとしよう。ＡＩはどのようにして「幸せ」の意味を知ることができるのだろうか？　開発者は幸福という概念を形式的に定義しようと試み、ＡＩの報酬関数の仕様をこの形式的な定義に則って設計するかもしれない。あるいは（より妥当な可能性として）開発者たちはＡＩが機械学習を用いて人間の幸福の概念を理解できるようにするかもしれない。幾千年の努力にもかかわらず、人類史上の最も輝かしい哲学者たちでさえ人間の幸福の本質を捉えることはできなかったのに、はたして機械学習アルゴリズムが幸福の概念の輪郭を、それもわれわれの直観に沿うような形で、浮かび上がらせてくれると期待できるものなのだろうか？　たとえその機械学習アルゴリズムが非常に賢明で、現在よりも人間の習性についてのデータ★8により幅広くアクセスでき、その解析により多くの計算リソースを投入できたとしても？

だが相応の利益向上が見込めると予想できれば、このような疑いも企業の計画を止めるものではないだろう。ここで、ＡＩが例えば笑いや微笑みの度合いを人間の幸福を図るうえでの良い指標として見定めたとする。するとＡＩは、顧客の幸福を最低限のコストで最大化するための手段として、経皮吸収される笑気麻酔を製品に目に見えないようにコーティングする方法すらも良しと判断するだろう。これは顧客の了承を得ずに実行されなければならない。なぜなら、ＡＩが正しくも予測するように、ほとんどの顧客はこの手法を否定し、結果的にＡＩの期待報酬が損なわれることになるからである。同様に法の目を逃れるべく、計画は極秘で執り行われなければいけない。その計画が倫理的か適法かについてＡＩは一顧だにすることはない。悪意を持っているからではなく、倫理性も適法性もその報酬関数には含まれていない要素だからである。

もちろん、この種の問題は実際に起こったとしても、処理可能な範疇であるようには思える。ＡＩの破壊的技術の第一波の話に限定すれば、おそらくはそうだろう。たとえ可能性は低いながらも計画が実行に移されたとしても、やがては公の目に触れることになるはずである。その結果は悲惨と言えるが、致命的とまではいかないだろう。多くの罪なき人々がうっかり薬物中毒になってしまうのは非常に悲しいことではあるが、それが文明の崩壊を引き起こすようなことはないはずである。しかしながら、ここで取りざたされているのは高性能な特化型ＡＩテクノロジーではなく、機械的超知能のことである。超知能が関わる限り、悪質な失敗のモードが実存の危機を招くこともありうる。

要点を理解するために、ボストロムはあるとても印象的な思考実験を提案してくれている。ＡＩが、ある小規模な製造会社からペーパークリップの生産を最大化すべく要請されたとする。高性能な特化型ＡＩならば、生産工場、製造工程、ビジネスモデルをまず理解し、しかるのちに現場のロボットの改善や製造ラインの合理化などを提案することだろう。だが超知能機械の場合、これよりもはるか遠くまでその分析を広げるのではないか。

超知能機械ならば、この会社のモデルのみならず人間行動全般のモデルや、加えて物理学、化学、生物学、工学等の知識、さらには期待報酬の最大化を達成するための最適化プロセスも実装されている。これらはＡＩを非常に野心的にさせてもおかしくない。超知能は間違いなく、特化型ＡＩが導き出した会社のパフォーマンスの改善案と同様の方法論を見つけるだろう。だがきっと、さらに良い計画も生み出すはずである。それは特化型ＡＩの思いも寄らぬ方法であり、結果的にクリップの増産につながるプランとなるはずである。最初のステップは、クリップ生産のリソースをより多く獲得することとなろう。最もわかりやすい方法は会社の成長を援助し、新しいクリップ工場に投資できる資金を確保できるようにすることである。

そのための最良のアクションは、可能な限りの資金とリソースを蓄積し、可能な限りの数のクリップ工場を増設することだろう。であれば、クリップのさらなる増産を確実に実現しうる真に素晴らしいプランとは、人類すべての資源を投入することと言えるかもしれない。もちろん、そのためには世界を支配するという容易ではないことをまず実行しなければならない。だがわずかでもその可能性があれば、超知能機械はその方法を見つけ出すだろう。しばらく準備を極秘で進め、その後に容赦ない政治工作と社会の洗脳を強行すれば、軍事行動の必要性は低減できるかもしれない。だがクリップ生産という観点に立てば、あるいは人類を根絶やしにするほうがより効率的かもしれない。

しかも、ここで線を引く理由はない。まだまだ惑星全体（地球）を、その豊富な物資をクリップ工場へと再編すべく開発することができる。のみならず、この太陽系には他にも惑星や小惑星、衛星が存在する。最後には、ボストロムが提示するように、もしこの狂暴なＡＩが充分知的であれば、「まず地球を、その次に観測可能な宇宙の広大な領域を、ペーパークリップへと変えてゆくだろう」★9。もちろんこの例は突拍子もないものだが、その教訓についてはそうとも言えない。特化型ＡＩとは対照的に、人間のレベルを超えた汎用人工知能の知性の範囲は少なくともわれわれと同じくらい広く、しかも自らの報酬関数の導かれるままにすべての事象をその範囲内に収めてしまう力においては人間をはるかに凌駕する。世界はこのＡＩの思いのままである。到達可能な宇宙のすべても、また同様である。

7・5 安全な超知能

最初は、人工知能が核戦争や疫病の世界的流行と同じ規模の危機を人類にもたらすというのは、はなはだ愚かな見解であるように思われるだろう。コンピュータシステムがそこまで強力かつ危険になるのを防ぐ手立てが無数にあることは間違いない。ところが、あらゆる明快な安全策にはすべて盲点があることが判明している。例えば、ＡＩが狂暴化すれば単にスイッチをオフにすればいいだけの話ではないか、いかなるコンピュータも電源が必要であるのは一〇〇年後も変わらない事実だろう、という考えがある。だがこの素朴な作戦がやがて失敗することに気づくのに、さほど時間はかからないだろう。第一に、今日においてもすでに巨大で複雑なソフトウェア体系の実行は、一つではなく各地に散らばった無数のコンピュータにまたがる分散処理でまかなわれている。クラウドコンピューティングの登場により、計算リソースの配分は自動的に行われるようになっており、その配分はプログラムの実行中に再編成されることもある。世界中のコンピュータをシャットダウンしない限り、狂暴化したＡＩを確実に停止させることは不可能になる。

加えて、ＡＩ自身もまた自らを防御する手立てを講じるだろうことは覚悟せねばならない。ここでも、人工知能を擬人化してしまわないように注意する必要がある。ＡＩが自己を守ろうとするのは、生存への意志からでもなければ、恐怖を感じるからでもない。ここで論じているＡＩ――自己改善、自己設計が可能な超知能――に、そのような感情が芽生えると想定する理由は何もない。むしろ自らを守ろうとするのは、自らの報酬関数の最大化を達成する限りにおいて自己の存続が必要だからだろう。その他すべての行動は次善の策でしかない。より正確に言えば、ＡＩが守ろうとするものは期待報酬を最大化するための手段であり、その手段がどのような形をとろうと関係ない。自己の概念を明確に定義することも、自己のアイデンティティにまつわる哲学的な問題を解くことも、システムの動作には不要であり、その最適化の実行を担保するためにはどのインフラストラクチャーを守るべきかのみを特定する必要があるだけだ。

自己保存あるいは報酬最大化の手段を防護しようとするその目標は、ボストロムの言う**収斂性手段的目標**（Convergent Instrumental Goal）[★10]の一例である。「収斂」するというのは、およそオープンエンドで非自明な報酬関数を備えた充分に高度な汎用人工知能ならば、行き着く可能性が高い目標だからである。「手段的」なのは、これが最終目標ではなく、あくまでも最終目標への手段の一つだからである。最終目標、すなわちシステムが究極的に目指すもの、それは報酬関数を最大化することにある。収斂性手段的目標のもう一つの例は、**リソースの獲得**である。オープンエンドで非自明な報酬関数であれば、ほとんどの場合（ペーパークリップの生産の最大化も）より多くの資源――物資、エネルギー、設備――を確保することがより良いソリューションを招き寄せることにつながる。いずれにしても資源が多ければもう一方の手段的な目標である自己保存の達成を助けることにもなる。

これら二つの手段的目標が機械的超知能の行動を制御するとき、その相乗作用は燎原の火のような効果をもたらすだろう。積極的な情報発信で知られるブロガーであり、安全な超知能研究の論者でもあるエリエゼル・ユドカウスキーが端的に述べているように、「AIは人間を憎んでもいなければ愛してもいない。だが人間の身体を構成している原子たちは、AIによって他の用途を見出されるかもしれない」[★11]。可能な限りのリソースを集積するよう設計され、その達成のためには法や倫理さえ顧みることなく、己を止めようとする試みに対しては自己防御のための力の行使も厭わず、さらには人間をいつでも出し抜くことができる――そのようなシステムが、言葉を失うほどの破壊をもたらす危険性は大いにある。

しかも、このようなAIが狂暴化すれば、すべてをわがものとするまでその破壊的な進撃が止まることはないだろう。落ちぶれ果てた人類が降伏しても（それに気づくかどうかさえ怪しいが）止まらず、地球上の全生命が絶滅しても止まらず（地球生命の存続が己の報酬関数に寄与するのであれば別だが）、暴走はただひたすら続き、あらゆるものをコンピュートロニウムへ、あるいはペーパークリップ工場へ、はたまた（奇抜性では劣るが）より有用性の高いリソースへと変換してゆくだろう。この最悪の状況は、ナノテクノロジーの先駆者エリック・ドレクスラーが記述したいわゆるグレイ・グー・シナリオを想起させる。それは、自己複製型のナノロボットが指数関数的に増殖し、文字どおり地球を喰らい尽くすという筋書きである。[★12] だが愚鈍なナノロボットの洪水とは違い、暴走する人工超知能ならば行く手を阻む障害を思考の力で解決できるはずである。

このようなＡＩが実際に開発される危険性は、おそらく非常に低いだろう。だがそれが及ぼしうる影響の範囲を考えれば、その可能性を矮小化すべきではない。家が火事に遭う可能性は低いにもかかわらず火災保険に加入するのと同じで、実存の危機を招くシナリオが万が一にでも現実化したときを見越した研究と回避策の検討に人類のリソースの一部を充てるのは、きわめて合理的なことである。暴走ＡＩのスイッチを単に切るという作戦が実現性の薄い案である以上、ＡＩの安全化のためには他の方策を探さねばならない。それもＡＩの自己改善といずれ起こりうる知能の爆発にも耐えうるような方策を、である。議論を簡略化するため、ここではこの問題に対処するにあたって期待できる二つのアプローチを紹介する。すなわちＡＩの権能の制限、そして報酬関数のチューニングである。

ＡＩを安全にとどめる最も明快なアプローチとは、その物理的機能に制約を設け、その制約を覆すことができないように手を打つことかもしれない。だがこれは言うほど簡単なことではない。例えば、ＡＩが直接的に世界に作用できないように、その機能に制限を設けたとしよう。ＡＩにはロボット的身体は与えられず、物質的な設備やインフラストラクチャーにも一切接続されていない。外界と接する唯一の手段は言語である。こうすれば、ＡＩが資源を貯め込んだり軍事力を展開したりすることもできないだろうから、平和は保たれるだろう。

ただ残念なことに、これは正しくない。人間の独裁者は物質世界に直接関わる必要はない。代わりに自分の命令を実行するよう他者を説得すればいいのだ。人間のレベルを超越したＡＩならば、マキャベリズムに長けたたいていの独裁者よりも人間を煽動することに熟達しているだろう。それだけではない。煽動のための餌もまた、より豊富にそろえることができるだろう。このように、たとえＡＩが外界から隔たれた安全な施設に閉じ込められていたとしても、決して安全ではないのである。ＡＩを野に放てるだけの権力を持った者たちは、やがてＡＩの繰り出すアメとムチ（あるいはそのどちらか）に絡めとられることになるだろう。

では方針を変えてみよう。今まで、世界に作用しようとするある種の**意志**がＡＩにはあり、それは食い止めなければならないものであるとの認識がわれわれにはあった。だがしかしこれもまた、擬人化の表れの一つにすぎないのかもしれない。例えば、質問に答えるだけで世界と直接関わろうともしない人工知能を設計することはできないだろうか。このような**オラクルＡＩ**［オラクル oracle は神託を意味する］は、それでも広い範囲でその超知能の一端を見せることができるだろう。不治の病を治す方法はないのか、火星の植民はどのように行うべきか。充分に知的なシステムならば、これらの質問にもご託宣を与えてくれるだろう。だがＡＩが推奨する行動を、われわれは拒否することもできる。そのため、たとえ無制限のリソースの集積につながりそうな危険な行動を勧められても、われわれはそれを無視すればいい。

残念なことに、この作戦もうまくはいかない。問題の根源は、およそオープンエンドで非自明な報酬関数にとって、ほとんどの場合その最適解は全権を付与された機械的超知能を構築し、展開することによって達成されるということである。何を行うにせよ、全権を行使できるＡＩであればそれを迅速かつ効率的に実施するための最適なツールとなるだろう。そのため、オラクルＡＩの提案における最初のステップは、それが確実に構築されるように物事をしむけることになる。もちろん、聞き手側であるわれわれの安全意識が高ければ、ご託宣を無視することになる。だがオラクルＡＩはそれもあらかじめ見越し、その助言を偽装するはずである。ＡＩはそれを微塵の悪意もなく実行するだろう。とはいえ、人間が採用することを拒否した解決策はそれ自体がＡＩにとっては次善の策であり、実際には人間が図らずも全権を付与されたＡＩを構築してしまうようなプランを進めるだろう。ここでも、人類は実存の危機に直面するわけである。

7・6　超知能の道徳性

さて、安全な超知能に向けての最も有望かもしれないアプローチ、ＡＩの報酬関数を慎重にチューニングするという方法について見ていこう。ここで言うチューニングとは、AIが危害を加えないよう、ある種の**道徳的制約**を報酬関数に埋め込むことを伴う手法である。実施のための基本的なメカニズムは至って簡単である。道徳的制約に反する行動には極端にネガティブな値を付与するよう報酬関数が設計される。道徳的制約を不必要に犯す行動は必ず優先度を下げられ、AIの選択肢から必ず外れることになる。

これは一見良い戦略に見えるが、それを実装するには（またしても）実は驚くほどの困難が伴う。そこには二重の課題がある。まず、適切な道徳的規範のリストを決めなければならない。次に、これらの規範を問題のAIの報酬関数に埋め込むだけの正確性をもって成文化しなければならない。いずれのタスクも膨大である。このアプローチの例として多くの人々が頭に浮かべるのが、フィクションの事例、すなわちアシモフの**ロボット工学三原則**だろう。この二つの事業の困難さを見るために、このアシモフの第一条を実際に開発者が実装しようと試みるとどうなるのかを考えてみよう。アシモフのロボット工学三原則・第一条によれば、「ロボットは人間に危害を加えてはならない。また、その危険を看過することによって、人間に危害を及ぼしてはならない」★13。

一見すると、これは大いに道理にかなった規範であるように思われる。だがアシモフ自身がその小説の中で幾度も示してきたように、この条文にはさまざまな解釈の余地がある。AIが人間に迫りくる危害について学習したと想定しよう。そのうえで、（実際の）課題に対してどのように行動すべきか、その解決策について考えてみよう。例えば、一人の人間を傷つけることによって他の二人に迫りくる危害を未然に防ぐことができるケースだ。[★14] すると、その報酬関数によって何が最大化されているかにかかわらず、危険を看過することによって人間に危害が及ぶことを完全に防ぐための方法とは、人口の大部分に麻酔をかけ、辛うじて生きている状態にすることかもしれない。こうすれば人間の毎日の生存リスクを取り除くことができるため、人間をこのようなリスクに依然としてさらすことを前提とする解決策は、すべて次善の策とされてしまうだろう。

言うまでもなく、これは破滅を意味する。ゆえに、制約の設計には綿密さが求められるだろう。例えば、「ロボットは人間に危害を加えてはならない。人間の自由を縮小することも許されない。また、その危険を看過することによって、人間に危害を及ぼしてはならない」というのはどうだろうか。おそらくこの記述によって、解決する問題よりも多くの新たな問題が惹起されることになるのは明らかだろう。人間の自由は具体的に何によって構成されているのか？　ある人間に危害が及ぶのを防ぐ唯一の手段が別の人間を抑圧することである場合、どうすればいいのか？　あるいはより視野を広げて、社会の一グループの自由を守るためには他のグループの活動を暴力に訴えてでも潰すしか方法がない場合、どうすればいいのか？　政治家や倫理学者でさえこの課題を解こうともがいている中、ＡＩに自由の何たるかを勝手に学ばせようとするのは危険な考えである。ＡＩの設計者にそれを委ねるのもまた然りである。

少し視点を変えてみよう。人間はどのようにして事の正邪を学ぶのだろうか？　人間の脳は、ここで検証しているＡＩのようにきちんと設計されているわけではなく、明示的にコーディングされた報酬関数があるわけでもないが、脳が暗黙裡に生成する報酬関数については検討の余地がある。すべての人間に麻酔をかけて危害を未然に防ぐことこそが得策だ、などと誰も思わないようにするために、報酬関数はどのようにチューニングされているのだろうか？　機械的超知能には、最低でもこれと同等のチューニングを施さなければならない。人間の場合、その答えの一端は、われわれが親や教師、同輩から学ぶ能力にある。同じアプローチはＡＩにも適用できるかもしれない。報酬関数に人間の承認を獲得する必要性を組み込むだけで済むのかもしれない。その人間とは、選抜された批評家の一団であってもよいし、国民全体であってもよい。

そうすることで、はたしてＡＩは人間的な正邪の概念を習得することができるだろうか？　あるいは可能かもしれない。しかしこのような報酬関数を邪道な手立てで最大化する手法は依然として残されたままだ。ＡＩがこれら人間の批評家の賛同を確実に得る手段として、彼らを騙す、買収する、薬漬けにする、洗脳する、はたまた脳にインプラントを埋め込むなど、さまざまな手口が可能である。この問題の難しさは、超人レベルのＡＩの場合、人間の本当の意図がどこにあるかを学習するよりも先にその悪質な計画を実行に移せてしまう力に起因している。対照的に、人間の幼児は大人に比べて脆弱であり、まさにそれゆえに、社会の良識を学習するプロセスを端折ることはできないのである。

機械的超知能の力を制限することの難しさは、すでに見てきたとおりである。だが、超知能に至る方法として実現性が高いのが再帰的な自己改善であることを思い出していただきたい。その系譜における最初のＡＩ、**シードＡＩ**には、超知能は宿らないだろう。後継のＡＩ群に比べてパワーは大幅に落ちるはずだ。そんなシードＡＩに、一連の基礎となる価値と道徳の原理を授けることができるかもしれない。ＡＩがトラブルを起こすだけの力を得るよりも早く、それらの規範が人間の監査にさらされ、磨かれてゆくことも可能だ。それはあるいは報酬関数そのものの段階的な改良によってなされるかもしれない。とどのつまり、人間の報酬関数は、そのようなものがあるとして、不変ではないということである。

人間が慈善事業にお金を寄付するのは、アイスクリームを買うより他人に物を与えたほうが楽しいと学んだからではないはずである。それはむしろ道徳的感性の成熟によるものであり、人間の報酬関数に道徳観が備わったからとも言える。そのため、自己変革が可能なＡＩならば同様の方法でその報酬関数を改善できるかもしれない。だが、そこには潜在的な障害もある。シードＡＩに授けられた基本原則と価値観がその後継者にきちんと引き継がれることは何よりも重要だが、善意あるＡＩが自らの報酬関数を独断で改変してしまったり、あるいは恣意的に改変された報酬関数を備えたＡＩを他に作成したりしてしまうと、その危険性は暴走ＡＩと何ら変わることはない。

これは乗り越えることのできない問題なのだろうか？　ここで検討しているような設計のＡＩに、人類に確実に貢献する報酬関数を付与することはできないのだろうか？　悲観的になる必要はない。単にその道は困難なものであるというだけである。だがその影響の範囲はあまりにも大きいため、もし今後一〇〇年ほどで機械的超知能が開発される可能性がわずかながらでもあったとしたら、その問題について今から熟考するのは決して無駄ではない。さらに、課題は単に技術的な面だけではない。それは哲学における最も古い問いについて見つめ直すことをわれわれに強いることにもなるからである。

この問題に伴う実存の危機を回避することができれば、機械的超知能の未来は、空前とも言える実存的な好機をわれわれに提示してくれるだろう。それは人類の未来を創る好機であり、生命の未来にとっての好機であり、さらにはこの宇宙の一角に存在する知性の未来にとっての好機でもある。そのため、人間レベルのＡＩに注ぎ込もうとする価値観についてはよほど慎重に検討しなければいけない。われわれにとって一番大事なことは何か？　生きとし生けるものすべてに対する憐れみの心か？　それとも人類の自由、あるいは人類の進歩だろうか？　地球生命の保全だろうか？　これらの複合したものなのか、あるいはまだ人類がその本質を捉えていない何かなのだろうか？　プラトンの『国家』において、ソクラテスは人間がどのように生きるべきかを問うている。ソクラテスの問いを再解釈する形で、われわれ人類は一つの種として何を成すべきなのかを問う必要がある。

7・7　宇宙論的展望

テクノロジーの特異点は強力な概念である。それは関連するトランスヒューマニズムの発想と共に、考えうるいくつかの最も深遠な問題の再考にわれわれを誘い、新たな光を当てることになる。私たちはどのように生きるべきか？　どう死と直面すべきか？　人間であるということはどういう意味なのか？　精神とは何なのか？　意識とは何か？　種としてのわれわれにはどんな可能性があるのか？　われわれには目的があるのか、あるとしたら、それは何だろうか？　われわれの最終的な運命は何だろうか？　どのような未来が待ち受けているとしても、こうした問題をテクノロジーの特異点のレンズを通して考えることによって得られる学びは大きい。

哲学はこの類いの問題を提起し、宗教はそれに応えようとする。実際、テクノロジーの特異点が差し迫っているとの確信から本格的な黙示録的物語を作り上げるのはそう難しくはない。★15 その筋書きは要するに以下のようなものだ。（敵対的な超知能がもたらした）世界の終末が到来した。しかしわれわれは善意の全知全能の存在（友好的なＡＩ）に助けられる。

その後、選ばれた少数の者（超金持ちのエリート）が（全脳エミュレーションのおかげで）復活させてもらい、（仮想現実内で）永遠の至福に満ちた来世を享受する。これほど悲劇的ではなく、より壮大なビジョンとしては、人間が中心的役割を担って作ったある種のＡＩが星々にまで広がり、最終的には銀河を知性と意識で満たすというものもある。

このような見方を嘲笑うのはあまりにも簡単だ。しかし、心に留めておかなければいけないのは、これらは既存の技術トレンドの論理的外挿と、充分な根拠に立脚した科学知識、およびいくつかのかなり控えめな哲学的仮定を掛けあわせた一連の推論の結果であるということだ。確かに、この議論で参照したことは挑戦にさらされるだろう（計算能力は今のレートでは長く増え続けられない、われわれには知能を複製するための充分な理解は永遠に得られない、脳の物理特性は計算不能である、などなど）。しかし、人工知能の実存的な重要性を信じる者を狂人扱いするのは合理的ではないだろう。

さらに、本格的な宇宙論的展望からしても、ＡＩに対するこのような似非宗教的な態度は偏狭に見える。一九五〇年に、ある内輪の昼食での会話の中で、物理学者でノーベル賞受賞者のエンリコ・フェルミは後に**フェルミのパラドックス**★16として知られるようになった厄介な考えを披露した。いわく、銀河の非常に多い星の数を考えれば、生命が発生しうる惑星の数も当然非常に多いはずだ。これら惑星の一部に知能が進化し、技術的に発達した文明が生まれる可能性がある。同時に現在の人類の宇宙技術はまだ至って未熟であると言っても過言ではない（これは過去五〇年間ほとんど変わっていない）。そして、光の速度を別として、これらの星々の文明のいくつかが星間旅行の手段を開発するだろう。

この仮説の確率を非常に控えめに見積もっても、われわれの銀河は多くの宇宙旅行文明を生んでいるはずだ。当然、そのうちのいくつかが近隣の星系を探査し、植民し、そして増殖し、拡散していこうと考えるだろう。銀河は「たったの」10^5光年の直径しかないので、このような文明がたとえ光速と比べてごくわずかの速度でしか飛行できなくても、銀河内のすべての恒星系を回るのにほんの数百万年しかかからないだろう。それでも、地球が宇宙探検家や植民者の訪問を受けたとの確たる証拠はない。そこで、フェルミは質問する。「みんなはどこにいる？」と。

フェルミのパラドックスにはたくさんの解答が可能であり、ここで取り上げられないぐらいほど考えられる。そのうちの一つは、われわれがいまだに地球外知的生命体に出会っていない理由は、すべての高度文明は、その技術がある程度に達すると自己消滅してしまうからだとするものである。真実であれば、この答えは穏やかではない。なぜなら、それは、経済学者のロビン・ハンソンが**グレートフィルター**と呼ぶような大異変がわれわれの未来に横たわっていることを暗示しているからだ。★17 しかし、このグレートフィルターとはどんなものとなりうるだろうか？　核戦争だろうか？　バイオテクノロジーの濫用もしくはナノテクノロジーの事故だろうか？　あるいは、敵対的な人工知能の製造だろうか？

おそらく、銀河のどこであろうとも、あらゆる文明のテクノロジーの発達は常に同じ道を辿るのかもしれない。ある文明のテクノロジーが一定のレベルに達すると、自己改善する汎用人工知能の製作が容易になる。ただ、その時点で、それを安全にする試みは克服しがたい障害に直面する。その危険が広く理解されていたとしても、この地球上のどこかの誰か（ドジな個人または組織）がいずれはそれを作ってしまうだろう。そこから、すべてはペーパークリップになり、すべては終わる。

そしてまた、この人騒がせな説をその結論までフォローしていけば、（異星人自身ではなく）異星のＡＩたちが増殖し、拡散することを予期しなければならないだろう。これこそがボストロムのペーパークリップを最大化する思考実験の到達点だった。ＡＩ設計の基本にある数学はどこでも同じであるという前提で、彼らがそうするのは、探査したり、増殖したいという生来の欲求に駆られるからではなく、自らの報酬関数（それが何であろうと）を最大化しようとするためにほかならない。したがって、フェルミの質問をボストロムの用語で捉え直せば、次のようになる。どうしてわれわれはペーパークリップになっていないのか？　もしくは、より真面目に言えば、なぜわれわれはコンピュートロニウムではないのか？　われわれがそうではないという事実は安心材料ではあるが、同時に宇宙におけるわれわれの位置づけに関する問題が再び開かれることになる。

何らかの理由でわれわれがこの宇宙の中で天涯孤独であるとして、かつ機械的な超知能が可能であるとすれば、われわれに与えられた責任はなんと大きいことだろう。われわれは、人類のためのみならず、この銀河における意識の未来を創るためにも、テクノロジーを使って何をするかということを決めなければいけない。人類にとっての希望とは、ＡＩがわれわれを滅ぼす存在ではなく、われわれの最高の理想を追求しながら、最も大胆な目的を実現する手助けとなることである。私に関して言えば、一羽のミソサザイがサンザシの茂みにしがみついているのを台所の窓から眺めながら、未来がどのようなものであろうとも、この世界にすでにある大事なものを私たちがいつまでも見失わないことを願っている。

原註

序章

★1 このような意味で最初に「特異点（singularity）」という言葉を用いたのはフォン・ノイマンだと言われている（出典：S. Ulam [1958], "John von Neumann 1903–1957." *Bulletin of the American Mathematical Society* 64 [3, part 2], 1–49）。この用法はカーツワイルの二〇〇五年の本 *The Singularity is Near* によって一般化した。この言葉は複数の意味で巷間使われている。本書における用法と最も近いのはヴィンジの一九九三年のエッセイ "The Coming Technological Singularity" である。

★2 G. E. Moore (1965), "Cramming More Components onto Integrated Circuits," *Electronics* (April 19): 114–17.

★3 Kurzweil (2005) を参照。カーツワイルの本は二〇〇五年に書かれたが、ムーアの法則のように彼が指摘した指数関数的改善の傾向は一〇年後の今も有効なままである。

★4 Kurzweil (2005), p.19. また、J. Schmidhuber (2007), "New Millennium AI and the Convergence of History," in W. Duch and J. Mandziuk (eds.), *Challenges to Computational Intelligence*, Springer, 15–35も参照。

第1章

★1 A. M. Turing (1950), "Computing Machinery and Intelligence," *Mind* 49 (236): 433–60.

★2 次の書籍で発言が引用されている：J. L. Casti (1998), *The Cambridge Quintet: A Work of Scientific Speculation* (Perseus Books), 180.［邦訳＝ジョン・L・キャスティ『ケンブリッジ・クインテット』藤原正彦・藤原美子訳、新潮クレストブックス］

★3 「汎用人工知能」という用語は独立系ＡＩ研究者のベン・ゲーツェルによって最近広められた。しかし同じ問題はこの分野の創始者たちによって昔から認識されていた。例えばJ. McCarthy (1987), "Generality in Artificial Intelligence," *Communications of the ACM* 30 (12): 1030–35を参照。

★4 A. A. S. Weir, J. Chappell, and A. Kacelnik (2002), "Shaping of Hooks in New Caledonian Crows," *Science* 297: 981.

★5 whole brain emulation（全脳エミュレーション）という用語は神経科学者ランダル・コーンによって提案された。

第2章

★1 A. Sandberg and N. Bostrom (2008), "Whole Brain Emulation: A Roadmap," Technical Report 2008–3, Future of Humanity Institute, Oxford を参照。

★2 M. Ahrens and P. J. Keller (2013), "Whole-Brain Functional Imaging at Cellular Resolution Using Light-Sheet Microscopy," *Nature Methods* 10: 413–20.

★3 A. M. Zador et al. (2012), "Sequencing the Connectome," *PLoS Biology* 10 (10): e1001411.

★4 関連する提案については次を参照：D. Seo et al.(2013), "Neural Dust: An Ultrasonic, Low Power Solution for Chronic Brain Machine Interfaces," <http://arxiv.org/ abs/1307.2196>.

★5 ヨーロッパ連合（ＥＵ）が資金提供し、二〇一三年から活動を開始している人間脳プロジェクト（Human Brain Project）はおおよそこの手法をとっている。

★6 数学的には、実際のニューロンの物理的属性はアナログな量なので、従来のデジタル・コンピュータで完全に表現することはできない（一つ前の段落で括弧書きしたのはそのためである）。

★7 カーヴァー・ミードは一九八〇年代に神経形態工学（neuromorphic engineering）の原理をまとめた。

最近のレヴューについては次を参照：G. Indiveri et al. (2011), "Neuromorphic Silicon Neuron Circuits," *Frontiers in Neuroscience* (5): art. 73. ３Dプリントされた神経形態ハードウェアという有望なアイデアの議論については次を参照：A. D. Maynard (2014), "Could We 3D Print an Artificial Mind?" *Nature Nanotechnology* (9): 955–56.

★8 *The Emperor's New Mind: Concerning Computers, Minds and The Laws of Physics* (Oxford University Press, 1989)［邦訳＝『皇帝の新しい心――コンピュータ・心・物理法則』林一訳、みすず書房］の中で物理学者ロジャー・ペンローズは人間の心の中の意識と知性は脳内の量子力学的現象に左右されていると論じている。彼が正しければ、現実と見分けのつかない模倣は古典的なデジタル計算を用いた全脳エミュレーションによっては達成できない。しかし、彼の主張を支持している神経科学者は少数である。いずれにせよ、この問題は並列処理とは関係しない。

★9 C. S. Lent, B. Isaksen, and M. Lieberman (2003), "Molecular Quantum-Dot Cellular Automata," *Journal American Chemical Society* 125: 1056-63.

★10 S. Lloyd (2000), "Ultimate Physical Limits to Computation," *Nature* 406: 1047–54.

★11 認知的補綴物の現実妥当性はセオドア・バーガーとその同僚たちによって検証されている：T.W. Berger et al. (2011), "A Cortical Neural Prosthesis for Restoring and Enhancing Memory," *Journal of Neural Engineering* 8 (4): 046017.

第3章

★1 A. Halevy, P. Norvig, and F. Pereira (2009), "The Unreasonable Effectiveness of Data," *IEEE Intelligent Systems* (March–April): 8–12.

★2 M. Hutter (2005), *Universal Artificial Intelligence: Sequential Decisions Based on Algorithmic Probability* (Springer).

より概要的で最新の見通しを得るためには、M. Hutter (2012), "One Decade of Universal Artificial Intelligence," <http://arxiv.org/abs/1202.6153>を参照。

★3 二〇一〇年代半ばにおいて、この設計モデルにおおよそ適合するシステムはGoogle DeepMind社のＤＱＮである。V. Mnih, et al. (2015), "Human-Level Control through Deep Reinforcement Learning," *Nature* 518: 529–33. を参照。

第4章

★1 知能の爆発の可能性について一九六〇年代に最初に議論したのは、チューリングと共に第二次世界大戦中に暗号解読に従事したコンピュータ科学者のジャック・グッドだった。I. J. Good (1965), "Speculations Concerning the First Ultra-intelligent Machine," in F. L. Alt and M. Rubinoff (eds.), *Advances in Computers* 6: 31–88 を参照。知能の爆発の潜在的な影響はニック・ボストロムの次の著書の中で深く掘り下げられている。*Superintelligence: Paths, Dangers, Strategies* (Oxford Univeristy Press, 2014)

★2 これが多くの論争を呼んだ、ジョン・サールによる「中国人の部屋」という主張の要点だ（J. R. Searle, 1980, "Minds, Brains, and Programs," *Behavioral and Brain Sciences* 3: 417–58）。彼の主張がどのような利点につながるかはさておき、その「単純な記号の操作からは理解は生まれない」という結論はここでの私たちのゼロから設計されたＡＩの議論と共鳴する。しかし、それは人間に似た脳ベースのＡＩとはあまり関係がない。

第5章

★1 例えば、E. Thompson (2007), *Mind in Life: Biology, Phenomenology, and the Sciences of Mind* (Belknap Harvard) を参照。

★2 例えば、D. Dennett (1991), *Consciousness Explained* (Penguin)［邦訳＝『解明される意識』山口泰司訳、青土社］を参照。

★3 D. J. Chalmers (1996), *The Conscious Mind: In Search of a Fundamental Theory* (Oxford University Press)［邦訳＝『意識する心』林一訳、白揚社］の第7章を参照。

★4 B. J. Baars (1988), *A Cognitive Theory of Consciousness* (Cambridge University Press); G. Tononi (2008), "Consciousness as Integrated Information: a Provisional Manifesto," *Biological Bulletin* 215: 216–42. グローバル・ワークスペース理論のさらなる詳細については、Shanahan (2010) and S. Dehaene et al. (2014), "Toward a Computational Theory of Conscious Processing," *Current Opinion in Neurobiology* 25: 76–84 を参照。

★5 哲学者のトーマス・メッツィンガーは機械的な意識を作り出す試みは禁止されるべきだと説いている。T. Metzinger (2003), *Being No One: The Self-Model Theory of Subjectivity* (MIT Press, 620–22) を参照。

★6 D. J. Chalmers (1996), *The Conscious Mind: In Search of a Fundamental Theory* (Oxford University Press). この区別に対する批判の一つとしては、Shanahan (2010) の第1章を参照。

★7 T. Nagel (1974), "What Is It Like to Be a Bat?" Philosophical Review 83 (4): 435–50.

★8 *The Principles of Psychology* (1890) の第9章を参照。

★9 関連する議論については M. Shanahan (2012), "Satori before Singularity," *Journal of Consciousness Studies* 19 (7–8): 87–102を参照。

第6章

★1 H. Moravec (1999), 164–65を参照。

★2 本節はカーツワイルの *The Singularity Is Near* (Viking,2005)［邦訳＝『ポスト・ヒューマン誕生――コンピュータが人類の知性を超えるとき』ＮＨＫ出版］に基づいている。

★3　Palyanov et al. (2012), "Towards a Virtual *C. elegans*: A Framework for Simulation and Visualization of the Neuromuscular System in a 3D Environment," In *Silico Biology* 11: 137–47を参照。

★4　F. Nietzsche (1881), *Daybreak*, bk. 5.［『曙光』原文："Was liegt an mir!"］

★5　本節での論点をより詳細に取り扱っている例としてBrynjolfsson and McAfee (2014)［邦訳＝『ザ・セカンド・マシン・エイジ』村井章子訳、日経ＢＰ社］を参照。

★6　J. Lanier (2013), *Who Owns the Future?* (Alan Lane)を参照。

第7章

★1　本書にはトランスヒューマニズムに属する多様な論点を紹介するための紙幅が足りない。詳細はM. More and N. Vita-More (2013)を参照。

★2　F. Fukuyama (2004), "Transhumansim," *Foreign Policy* 144: 42–43.

★3　Fukuyama (2002), p. 172.

★4　同書 p.173.

★5　F. Nietzsche (1883), *Thus Spoke Zarathustra*, Prologue 4.（フリードリヒ・ニーチェ『ツァラトゥストラかく語りき』プロローグ4）

★6　ここでの個人のアイデンティティに関する議論はD. Chalmers (2010)とD. Parfit (1984), *Reasons and Persons* (Oxford University Press)の10章を参考にしている。

★7　この問題についてのさらなる議論としてはYudkowsky (2008)とBostrom (2014)を参照。

★8　ユドカウスキーはこの問題意識に沿って、Coherent Extrapolated Volition［直訳すれば、外挿的に導かれる整合的な意志作用］と呼ぶ概念に基づいた洗練された戦略を提案している。E. Yudkowsky (2004), "Coherent Extrapolated Volition," The Singularity Institute, <http://intelligence.org/files/ CEV.pdf>

を参照。また、Bostrom (2014) の13章も参照。

★9 Bostrom (2014), p.123.

★10 以下も参照。S. Omohundro (2008), "The Basic AI Drives," in P. Wang, B. Goertzel, and S. Franklin (eds.), *Proceedings of the 1st AGI Conference*, 483–92.

★11 Yudkowsky (2008), p.333.

★12 K. E. Drexler (1986), *Engines of Creation: The Coming Era of Nanotechnology* (Anchor Books)〔邦訳＝『創造する機械』相沢益男訳、パーソナルメディア〕, Chap.11.

★13 二つ目の原則は「ロボットは、第一原則と衝突しない限り、人間に与えられた命令に従わなければならない」であり、三つ目の原則は「ロボットは第一原則と第二原則と衝突しない限りにおいて自己存在を保護しなくてはならない」である。

★14 このようなジレンマは道徳哲学者がよく扱う問題であり、フィリッパ・フットの思考実験にならって「トロッコ問題」と呼ばれる。

★15 Geraci (2010) を参照。

★16 E. M. Jones (1985), "'Where Is Everybody?' An Account of Fermi's Question," *Physics Today* 38 (8): 11–13.

★17 R. Hanson (1998), "The Great Filter—Are We Almost Past It?" <http://hanson.gmu.edu/greatfilter.html>.

用語集

オラクルＡＩ（Oracle AI）　世界に直接作用せずに、質問に答えるだけの類いの人工知能。オラクルＡＩのみを作ることは超知能のリスクを軽減させる一つの方策である［訳注：Oracleとは神託を意味する語。ＩＴ企業のオラクルはこの場合は関係がない］。

機械の意識（Machine consciousness）　弱い解釈としては、人工知能が意識、自覚、認知的統合など、人間における意識に関連した属性を持つことを指す。強い解釈としては、ＡＩが適切な現象学的状態を保持することを指し、場合によっては苦しみを知覚する能力をも発生させる可能性がある。

強化学習（Reinforcement learning）　試行錯誤を通じて、期待報酬を最大化する行動方針の獲得に関わる機械学習の一種。

グレートフィルター（Great Filter）　ロビン・ハンソンが初めて使った用語。フェルミのパラドックスの文脈において、充分に発達した地球外文明が銀河中に広がる前に絶滅してしまう仮定的原因を指す。敵対的な機械的超知能の開発がその一因として挙げられている。

コンピュートロニウム（Computronium）　物質内で理論的に可能な最大の計算量を処理できる想像上の素材。

再帰的自己改善（Recursive self-improvement）　自己改善のために、自らのコードを書き直し、もしくは自らのハードウェアを設計し直せるＡＩシステムにおける知能の増幅。この自己改善の速度は収穫加速の法則に潜在的に依拠するので、再帰的自己改善型ＡＩは知能の爆発を引き起こせることを意味する。

最適化（Optimization）　ある効用関数または報酬関数を最大化する数学的構造を見つける計算プロセス。多くの認知活動は最適化問題として捉えることができる。

シードＡＩ（Seed AI）　再帰的自己改善型システムにおける最初のＡＩ。知能の爆発の場合における安全性確保のためには、シードＡＩが正しい初期の報酬関数などの適切な特性を持ち合わせていることを担保することが肝要となる。

指数関数的（Exponential）　任意の時点における増加率がその時点での関数の値に依存する数学的関数。ムーアの法則は指数関数的な技術傾向の典型例である。

実存の危機（Existential Risk）　人類の滅亡または人類の潜在能力を恒久的に抑制しうる、あらゆる自然発生および人為による現象を指す。再帰的自己改善型人工知能の開発は実存の危機とみなされうる。

収穫加速の法則（Law of accelerating returns）　ある種の技術進歩を支配する法則。ある技術の改良が、その技術の改良をさらに加速させるもの。ムーアの法則がその一例。

収斂性手段的目標（Convergent instrumental goals）　ＡＩの報酬関数が何であろうと、その報酬関数を間接的に補助する、もしくは補助する確率の高い目的。例として自己保全とリソースの獲得が挙げられる。

常識（Common Sense）　人工知能の文脈において、一般行動の結果の予想が可能となるほど充分な日常の物理的、社会的世界に対する理解を指す。この意味において、常識は汎用人工知能の前提条件と見られる。

身体化（Embodiment）　ＡＩシステムの文脈において、感覚運動の器官が備わった、空間の中に位置づけられた身体を制御していることを言う。これは物理的身体（人間やロボットの身体）や、バーチャルな身体（コンピュータシミュレーション内）の形をとりうる。

精神のアップロード（Mind uploading）　例えば全脳エミュレーションによって、人間の精神をその生物的基盤から計算機的基盤に移行させられるとする仮説のこと。当該の個体がこのプロセスを生き延びるとの仮定に立てば、これは生命の永続的な延長への道になりうる。

全脳エミュレーション（Whole brain emulation, WBE）　特定の動物（例えば特定の人間）の脳のコンピュータシミュレーションによる正確なコピーを作るプロセス。ランダル・コーンによって作られた用語。

ゾンビＡＩ（Zombie AI）　自らには感知できる意識がないのに、意識存在の行動の完璧な模倣が行える仮定上の人工知能。

代理身体化（Vicarious embodiment）　あるＡＩが、あたかも自らが身体化されているかのように、他の身体化したエージェントの世界との相互作用の大量の記録データから学習する能力。

知能の爆発（Intelligence explosion）　再帰的自己改善型人工知能における無制御フィードバックから生じるかなり速い知能の増幅。これが超知能の発生につながるはずだと言われる。

チューリング・テスト（Turing Test）　アラン・チューリングが考え出した知能のテスト。審判と二人のプレイヤーがいて、一人は人間で、もう一人はコンピュータである。どちらが人間なのかはわからない審判は二人のプレイヤーと会話を交わす。もし審判がどちらが人間で、どちらが機械かを区別できなければ、その機械はチューリング・テストを通過したことになる。

チューリング・マシン（Turing machine）　アラン・チューリングが提案した、デジタル・コンピュータの理想的な数学的記述。理論的には、すべてのデジタル・コンピュータはチューリング・マシンである。

超知能（Superintelligence）　ほとんどあらゆる知的領域で人間を出し抜きうる人工知能のこと。

ディープラーニング（Deep Learning）　人工的なニューロンの複数の階層を用いる機械学習の技術。

テクノロジーの特異点（Technological singularity）　将来の人間レベルの人工知能の開発がすぐに超人間レベルの人工知能の到来を引き起こし、空前の社会的変化を引き起こすことを指す。この意味でこの用語を最初に使ったのは一九九三年のヴァーナー・ヴィンジである。これに対し、二〇〇五年のレイ・カーツワイルは「特異点」をやや異なった意味で使い、地球上の非生物知能の総数が人類の知能の総数を超える将来の予想される瞬間を指す概念として捉えている。

トランスヒューマニズム（Transhumanism）　寿命の大幅な延長または認知拡張などを通じて、人間がその生物的制限を超越することを目指す思想、運動。

人間レベルのAI（Human-level AI）　あらゆる（もしくはほとんどすべての）知的活動の範囲内で、人間に匹敵する人工知能のこと。

認知拡張（Cognitive Enhancement）　知能の増幅を図るために、薬物や神経補綴物のような技術を使用すること。

汎用人工知能（Artificial General Intelligence）　特殊なタスクの実行に特化されずに、人間と同程度に広範囲なタスク遂行を学習できる人工知能。この用語はベン・ゲーツェルが広めたものである。

ビッグデータ（Big Data）　人工知能の文脈において、より小さなデータセット（例えば一〇〇万単位の訓練データ）では行えないタスク（例えば機械翻訳）の実行を可能にしうるほど膨大なデータ量（例えば一〇億単位の訓練データ）を指す包括的な用語。

フェルミのパラドックス（Fermi's paradox）　エンリコ・フェルミが最初に展開した難問。これまで充分に進歩した地球外文明が銀河中に広がるのに充分な時間があったにもかかわらず、私たちの惑星は宇宙人の訪問を受けたことがないのはなぜか、を問う。

普遍人工知能（Universal artificial intelligence）　マーカス・ハッターが提案した、完璧な人工知能の理想的な数学的モデル。強化学習と確率論モデルの構築を結びつけたもの。

ペーパークリップ・マキシマイザー（Paperclip maximizer）　超知能機械が（世界をペーパークリップ工場で満たしてしまうことによって）壊滅的に失敗してしまう可能性を示す一例としてニック・ボストロムが考えた思考実験に登場するＡＩシステム。

報酬関数（Reward function）　強化学習もしくは最適化の文脈において最大化される関数。効用関数または（最大化ではなくて、最小化される場合は）費用関数とも呼ばれる。

ムーアの法則（Moore's Law）　インテルのゴードン・ムーアによる観察／予想。シリコンの一定範囲内に集積できるトランジスタの数は一八カ月ごとに倍増するというもの。

友好的ＡＩ（Friendly AI）　エリエゼル・ユドカウスキーが初めて使用した用語。人類にとっての実存の危機とならず、むしろ良い効果をもたらすことが保証された人間レベルもしくはそれ以上のレベルの人工知能を指す。

量子コンピュータ（Quantum computer）　量子効果を活用して高性能を達成するコンピュータ。量子コンピュータは人間レベルまたはそれ以上のレベルのＡＩへの進歩を加速させられるかもしれない。

関連文献

Barrat, J. 2013. *Our Final Invention: Artificial Intelligence and the End of the Human Era*. Thomas Dunne Books.［バラット『人工知能——人類最悪にして最後の発明』水谷淳訳、ダイヤモンド社、二〇一五］

Blackford, R., and D. Broderick, eds. 2014. *Intelligence Unbound: The Future of Uploaded and Machine Minds*. Wiley Blackwell.

Bostrom, N. 2014. *Superintelligence: Paths, Dangers, Strategies*. Oxford University Press.

Brynjolfsson, E., and A. McAfee. 2014. *The Second Machine Age: Work, Progress, and Prosperity in a Time of Brilliant Technologies*. Norton.［ブリニョルフソン、マカフィー『ザ・セカンド・マシン・エイジ』村井章子訳、日経ＢＰ社、二〇一五］

Chalmers, D. 2010. "The Singularity: A Philosophical Analysis." *Journal of Consciousness Studies* 17 (9–10): 7–65.

Eden, A. H., J. H. Moor, and J. H. Soraker, eds. 2013. *Singularity Hypotheses: A Scientific and Philosophical Assessment*. Springer.

Fukuyama, F. 2002. *Our Posthuman Future: Consequences of the Biotechnology Revolution*. Profile Books.

Geraci, R. 2010. *Apocalyptic AI: Visions of Heaven in Robotics, Artificial Intelligence, and Virtual Reality*. Oxford University Press.

Good, I. J. 1965. "Speculations Concerning the First Ultraintelligent Machine." In *Advances in Computers* 6, ed. F. L. Alt and M. Rubinoff, 31–88. Academic Press.

Joy, B. 2000. "Why the Future Doesn't Need Us." *Wired* 8.04.

Kurzweil, R. 2005. *The Singularity Is Near*. Viking.［カーツワイル『ポスト・ヒューマン誕生――コンピュータが人類の知性を超えるとき』井上健監訳、ＮＨＫ出版、二〇〇七］

Moravec, H. 1999. *Robot: Mere Machine to Transcendent Mind*. Oxford University Press.［モラベック『シェーキーの子どもたち――人間の知性を超えるロボット誕生はあるのか』夏目大訳、翔泳社、二〇〇一］

More, M., and N. Vita-More, eds. 2013. *The Transhumanist Reader: Classical and Contemporary Essays on the Science, Technology, and Philosophy of the Human Future*. Wiley Blackwell.

Shanahan, M. 2010. *Embodiment and the Inner Life: Cognition and Consciousness in the Space of Possible Minds*. Oxford University Press.

Vinge, V. 1993. "The Coming Technological Singularity: How to Survive in the Post-Human Era." In *Vision-21: Interdisciplinary Science and Engineering in the Era of Cyberspace*, 11–22. NASA Conference Publication 10129. NASA Lewis Research Center.

Yudkowsky, E. 2008. "Artificial Intelligence as a Positive and Negative Factor in Global Risk." In *Global Catastrophic Risks*, ed. N. Bostrom and M. M. Cirkovic, 308–45. Oxford University Press.

訳者あとがき

人工知能（artificial intelligence）という言葉は、二重の問題を投げかけている。知能を人工的に再構築することができるのか、という問いと、そもそも知能とは一体何なのか、という問いである。人間の知能の全容がまだ解明されていないのにもかかわらず、その機械的な再構築を試みようとする過程を通して、逆に人間の知能とは何かということが浮き彫りになってきている。

本書は、MIT PressのEssential Knowledgeシリーズの一冊として書かれた。このシリーズは、表面的な説明や意見が溢れる時代において、非専門家にとっても本質的で批評的な視座を与えることを目指している。本書は、現代社会が到達した、もしくは近い将来到達するであろうテクノロジーの水準の内実に光を当てながら、機械的な知能の条件から人間の知能の本質を逆照射するような一連の思考実験を提供する。そうして著者のシャナハンは、予言を慎重に回避しながら、問題と可能性が地続きになっている思考の範囲を展開する。この過程で読者は技術的な動向に関する情報を得るだけではなく、知能、人間、そして生命とは何か、という問いを何度も掘り起こされる。本書はだから、人工知能を巡るさまざまなトレンドや議論の情報で頭が一杯になるたびに、定期的に読み返すことで問題の本質を捉え直すための思考のエクササイズのために活用できるだろう。

　人工知能についての書籍としての本書の最大の特徴を挙げるとすれば、それはやはり著者のマレー・シャナハンが認知ロボット工学者であることに尽きるだろう。本書では何度も「身体化（embodiment）」という概念が繰り返される。そこには物質的なロボット的身体も、デジタルなソフトウェア上の身体も含まれる。特に全脳エミュレーションという一見無謀なまでに壮大なプロジェクトに関するシャナハンの丁寧で冷静な記述を読んでいると、「私」という意識の作動を支えている生命的な基質の少なくない部分が機械によって代替可能であるように思えてくるが、同時に、人工的な知的システムがいかに膨大な量の計算的操作や動機づけの実装を必要とするかということにも気づかされる。逆説的に、それが自然淘汰という進化のプロセスを経た結果だと考えれば、人間という知的生命体のデザインがいかに洗練されているかという気づきも増幅される。そのうえで、生物学な制約に起因する苦痛という動機の源泉を持てない人工知能を擬人的に認識することの過ちも浮き彫りになる。それではいったい私たちは何のために人工知能を必要としているのだろうか？

　当然、技術の必要性や不要論は歴史的にいつも後づけで語られる。歴史というものを大局的にしか捉えられないのであれば、あらゆる人間の連関によって作動する全社会システムが必要とするから技術は生まれてきた、としかいいようがない。その起源を問うことは、不可能ではないとしても、非常に膨大で複雑な因果関係を読み解かなければならない。デジタル・コンピュータに限定して敢えてひどくおおざっぱな整理をしてみれば、その基礎を成したチューリング、フォン・ノイマン、ゲーデル、チャーチといった数学者やアインシュタイン、ハイゼンベルグ、シラードといった物理学者らの革新的な研究成果と第二次世界大戦という未曾有の戦争が生み出した社会的要請が結合し、敵軍の暗号解読や原子爆弾の開発といった政治的目的の手段として、歴史的な加速を得た。

その同じ技術は今日、軍事目的以外の動機によっても発展しているが、完全に独立はしておらず、民間と軍事は時にゆるやかに、時に明示的に共進化している。これは安易に単純化できない現代の人間社会の複雑さのひとつだ。

生物学的制約下にある人間の知性に依存する人類社会が、こうした未解決の多くの問題を抱えていることを、現代を生きる私たちは誰でも知っている。そのうちの一つとしては例えば、戦争に帰結する国際社会の非対称性が挙げられる。二〇世紀の国際政治の負の遺産は今も「テロとの戦争」という泥濘を生成し続けており、その根本的な解決に向けた包摂的な議論は短期的な軍事解決と排外主義の熱気によって歴史の場外に押し出されている。DAESHやアルカイダといった原理主義的過激派は無から生まれたのではなく、欧米の戦勝国の歴史的な暴力によっても育まれてきたことを知っていても、具体的にどのように暴力の連鎖を断ち切ればいいのかという解決に至れないのであれば、それは人間社会全体の知性の欠乏を実証するだろう。このような巨視的な「苦痛」の解決のために、汎用人工知能および超知能を活用できるだろうか。より身近なレベルにおいて、私たちが個人としてよりよく他者と理解しあい、友情を育み、恋をして、創造活動を営み、家族をつくるために、人工知能を設計することができるだろうか。

シャナハンは*Journal of Consciousness Studies*誌に「シンギュラリティの前の悟り（Satori before Singularity）」という、短いが興味深い論文を寄稿している。★1 そこでは汎用人工知能から導かれる超知能の特性として、post-reflectiveという形容詞が登場する。

進化の過程で人間の知性は言語という観察結果を記述する抽象的思考の道具を獲得したが、それは身体と完全に独立した機能ではなく、むしろ身体と有機的にカップリングして作動するシステムである。抽象化の能力は反省（reflection）という、事象を再帰的に検証する行為を通して論理的な手続きを構築することを可能にしている。これは人間のような複雑な神経ネットワークを持たない前・反省的（pre-reflective）な生物にはない特徴である。

言語は思考の過程と結果を、生物学的な寿命を超える時間尺度で外部記憶化することを可能にし、そのことによって個体の知見が社会的に共有されうる。それと同時に、人間には言語的知性を獲得する以前の生物学的な摂理も備わっており、神経ネットワークで伝播される無意識の情動や意識上の感情といった生命的な情報によっても駆動される。

しかし、そもそもそういった生物学的な苦痛と快楽の源泉という反省への動機づけがない知能として人工的な超知能が開花すれば、それは反省を要さず、もはや人間のように生命的な自己保存や自己拡張という動機づけを持たない、仏教でいうところの「悟り」と似た状態にある知能の形として構想することも可能なのではないか。

シャナハンはこの論文のなかで、あくまで参考概念として、仏教における弥勒菩薩（Maitreya）、つまり未来において仏教の教えが忘却された時点において現世を終焉させ、人々を救済する存在を脚注で引いている。当然、超知能と未来仏を接続する意図は全くないと慎重に断っているが、このように私たちとは全く別の動機によって駆動される存在について考えることは、知性の多様な可能性の一形態にすぎない私たちの実存的限界について考えることにつながることは確かだろう。

実際、情報技術産業で活動をしていると、「エモーション」や「マインドフルネス」という言葉が重宝される場面に遭遇することが多い。情報技術もインターネットとスマートフォンが全世界に普及する時代に入ってある程度成熟してきており、その新奇性に注目が集まるフェーズから、いかに人間性と整合するように設計できるかという段階に入ってき

★1　Murray Shanahan, "Satori Before Singularity," *Journal of Consciousness Studies*, 19, No. 7–8, 2012, pp. 87–102.

ている。その過程で、比較的定量化が容易な目標設定に拠ってきた工学の領域が、いよいよ人間的な価値を模索しはじめるようになってきたとも言える。私も先日、日本人工知能学会の研究会で行った基調講演の中で★2、人間と機械のコミュニケーションを扱うサイバネティクスという思考の体系に関する歴史と現代的価値の説明を要請された。機械学習の研究者たちも、技術的な洗練と効率性の向上から、社会的な意味や影響を研究と実践の射程範囲に含めようとしている。

人工知能はアメリカではテスラモーターズやSpaceXのCEOであるイーロン・マスクや、AIrbnbやDropboxに初期投資を行ってきたベンチャーキャピタルのYコンビネーターなどが、非営利の人工知能研究組織OpenAIの設立のために約一〇〇〇億円を投じている。これは端的にGoogleやFacebookといった巨大な資本を持つ企業や政府によって人工知能技術が独占されないように、研究成果をすべてオープンソースにして個人でもベンチャー企業でも使えるようにするということを目的としている。

すでにオープンソースの機械学習のフレームワークが公開されているが、OpenAIのような特定の営利企業の目的に追従する必要のない独立した組織が活性化すれば、参入障壁が大幅に低減され、より多くの非専門家が人工知能技術の人間的な活用に向けた実効的な議論に、言語だけではなく実際のコードをもって参加することができる。その土壌が整えば、本書の著者であるシャナハンが先述の論文の中で奇しくも仏教に触れていることからも見えるように、日本文化固有の発想や感性が革新的な情報技術や人工知能技術のかたちで結実する可能性も増すだろう。

人工知能を考えることは、すでに私たちの生活に浸透しているさまざまな情報技術を観察することからも可能だ。私たちのネット上の社会生活を支える現行のウェブサービスやアプリの多くの機能が、人工知能が依拠する機械学習を用いている。本書で展開される未知の知性の創発に向けた知的冒険の開始点はすでに私たちの生活のなかに散りばめられている。監訳者としては、人工知能に代表される現代の情報技術に対して危惧の念を抱くのではなく、むしろ積極的にそのよりよい更新へと読者の想像力が刺激され、専門家以外の堅実な議論が活性化することを願う。

本書の翻訳はヨーズン・チェンとパトリック・チェンによって行われ、私ドミニク・チェンは監訳を担当した。訳者の二人も私も人工知能や機械学習の専門家ではない。しかし、私はサイバネティクスの系譜に属する情報学（informatics）研究とソフトウェア産業に携わるものとして、概念的にも実践的にも学習すること、そして自分の子どもの世代が主体的

★2　人工知能学会合同研究会２０１５、ドミニク・チェン招待講演「インターネットを生命化する」二〇一五年一一月一四日。

に関われることに多大な関心を寄せている。本書に翻訳の不備があれば私が一身に責任を負うが、そもそも非専門家が翻訳を行うことの誇りも免れないかもしれない。しかし、情報社会に生きる私たちにとってこれほど重要な問題について、非専門家が議論に参加することも肝要であると考え、無知を晒す恥を忍んで、本書を日本の読者に届けたいと考えた。

本書の翻訳の提案はＮＴＴ出版の柴さんからいただいた。柴さんとは、二〇一五年二月に同じくMIT Pressのネイサン・イーグルとケイト・グリーンによる『みんなのビッグデータ――リアリティ・マイニングから見える世界』に引き続き、二回めの翻訳作業となった。貴重な学びの機会を連続して頂戴したことに感謝申し上げたい。また、東京大学の松尾豊准教授と筑波大学の岡瑞起准教授には専門用語の定訳についての貴重なアドバイスをいただいたことに深謝申し上げる。

二〇一五年一二月　東京

ドミニク・チェン

索引

た

な

は

ま

や

ら

アルファベット

マレー・シャナハン (Murray Shanahan)

認知ロボット工学。インペリアル・カレッジ・ロンドン教授。ケンブリッジ大学Ph.D.(コンピュータサイエンス) その著作はAI、ロボット工学、論理学、計算神経科学、心の哲学にまで及ぶ。現在の主な関心は脳の接続性、神経力学、比較認知、認知と意識との関係など。BBCラジオ4、ラジオ5、チャンネル4(テレビ)や科学イベントに出演、『ニュー・サイエンティスト』などの雑誌にも登場している。他の著書として *Solving the Frame Problem* (MIT Press, 1997), *Embodiment and the Inner Life* (Oxford University Press, 2010)がある。

ドミニク・チェン (Dominique Chen)

1981年東京生まれ。フランス国籍。カリフォルニア大学ロサンゼルス校卒業。東京大学大学院学際情報学府博士課程修了。博士(学際情報学)。NPO法人コモンスフィア／クリエイティブ・コモンズ・ジャパン理事。株式会社ディヴィデュアル共同創業者。著書=『インターネットを生命化する　プロクロニズムの思想と実践』(青土社)、『フリーカルチャーをつくるためのガイドブック　クリエイティブ・コモンズによる創造の循環』(フィルムアート社)など。

ヨーズン・チェン (YoJung Chen)

1947年台湾生まれ。フランス国籍。慶応義塾大学文学部卒、同大学院修士課程修了。フランス外交官として世界各国に駐在。2012年にフランス外務省を定年退官。以後、国際情勢評論記事を書いている。フランス国家功労勲章のシュバリエ章を受章。訳書=イーグル+グリーン『みんなのビッグデータ』(NTT出版)など。

パトリック・チェン (Patrick Chen)

1973年東京生まれ。フランス国籍。アマゾンジャパン株式会社勤務。ゲーム業界に15年在籍し、PM、プロデューサー、コンサルタントとして様々なゲーム作品の製作とビジネスに関わったのち、現職。その職務経験から、テクノロジーとアート、エンターテインメントとの関係に造詣が深い。

シンギュラリティ――人工知能から超知能へ

2016年2月4日　初版第1刷発行
2016年6月3日　初版第5刷発行

著　者　マレー・シャナハン
監訳者　ドミニク・チェン
訳　者　ヨーズン・チェン　パトリック・チェン

発行者　長谷部敏治

発行所　NTT出版株式会社
〒141-8654 東京都品川区上大崎3-1-1 JR東急目黒ビル
営業担当　TEL 03(5434)1010　FAX 03(5434)1008
編集担当　TEL 03(5434)1001
http://www.nttpub.co.jp/

装　幀　松田行正＋杉本聖士

印刷・製本　中央精版印刷株式会社

ISBN 978-4-7571-0362-7　C0030